심리전문가 마스터플랜

심리전문가 마스터플랜

초판1쇄발행 2022년 1월 3일

지은이   theD마스터플랜연구소(차여진)
발행인   조상현
마케팅   조정빈
편집인   김유진
디자인   김희진

펴낸곳   더디퍼런스
등록번호   제2018-000177호
주소   경기도 고양시 덕양구 큰골길 33-170
문의   02-712-7927
팩스   02-6974-1237
이메일   thedibooks@naver.com
홈페이지   www.thedifference.co.kr

ISBN   979-11-61253-31-2 03370

| 더스 | 더디 | 더디퍼런스 | 마이북 |

심리전문가
마스터플랜

theD마스터플랜연구소 지음

더디퍼런스

사람과 사람의 마음을 연구하는 직업

현대 사회는 우울증, 공황장애, 학교폭력, 아동학대, 자살, 가정폭력, 노인 문제 등 여러 갈등과 정신적 문제를 안고 있다. 예전에는 대가족을 이루며 살았고, 마을 구성원들이 모두 친밀한 관계를 유지하고 있었다. 하지만 요즘 사람들은 서로 마음을 나누며 살기 어려운 조건에서 살아가고 있다. 그러니 더욱 정신적 문제들을 개인이 모두 떠안은 채 해소하지 못하고 살아갈 수밖에 없다.

이런 다양한 정신적 문제에서 자유로울 수 있는 사람은 없다. 그러나 여러 사람들이 문제를 갖고 있다고 해서 그것이 괜찮다는 뜻은 아니다. 더욱이 정신적 문제는 개인이 판단할 문제가 아니다. 정신적 문제들이 일상 속에서 자주 드러나지 않는다고 해서 그대로 두어서는 안 된다. 감기에 걸리면 병원에 가듯 마음이 아플 때도 전문가의 도움을 받아야 한다. 전문가의 도움이 필요한 사람들에게 상담을 통해 마음 상태를 짚어내고 원인과 치료의 방향을 정리해주는 사람이 바로 '심리치료상담전문가'이다.

심리치료상담전문가의 도움이 필요한 사람이라고 해서 꼭 특별하고 남다른 상황에 처해 있는 것은 아니다. 사람들은 여러 가지 이유로 정신적 문제를 겪는다. 우리의 마음은 유리처럼 맑고 투명해서 상처나 고통을 겪을 수밖에 없다. 상처 입은 마음은 유리처럼 금이 가거나 깨지기도 하고, 부품이 고장난 자동차처럼 몸과 삶이 삐걱거리기도 한다.

평범하게 살아가는 누구라도 스트레스를 받거나 심리적 압박을 받으므로 어디라도 해소할 곳이 필요하다. 심리치료상담전문가는 우리가 삶이라는 길을 제대로 걸어가지 못할 때, 고장난 부분을 수리해주고 상처가 낫도록 도와준다. 아울러 그 힘으로 삶을 행복하게 살아갈 수 있도록 용기를 준다.

심리치료상담전문가는 '심리치료상담'이라는 말에서 알 수 있듯 상담을 통해 내담자의 마음을 치료하고 그의 마음에 힘을 불어넣어 준다. 상처 입은 사람들과 깊이 있는 상담을 하고, 다양한 검사를 해서 정신적 문제를 짚어낸다. 때때로 우리의 마음은 다른 사람에게 털어놓는 것만으로도 나아진다고 한다. 그러니 검증된 방법으로 상담을 받는 일은 심리 안정과 보다 나은 삶을 위해 굉장히 중요하다.

우리는 이 책에서 각 분야에서 활동하고 있는 다양한 심리전문가에 대해 자세히 살펴볼 것이다. 특히 1장에서는 임상심리사에 대해, 2장에서는 다양한 예술치료사의 종류, 3장에서는 일상 속에서 쉽고 편안하게 만날 수 있는 심리전문가, 4장에서는 조금 특수한 분야에서 일하는 심리전문요원, 5장에서는 심리전문가 중에 역사가 오래된 직업인 정신건강의학과 전문의가 되는 과정을 알아볼 것이다.

이들 모두 심리치료 상담을 전문으로 하는 심리치료상담전문가이다. 그런데 그들은 불리는 이름이 조금씩 다른 만큼 하는 일도 다르다. 이들의 업무가 어떻게 다른지 확실히 알 수 있다면 심리와 관련된 직업을 찾는 데 조금이나마 도움이 될 것이다.

미래 사회로 나아가면서 사회는 더욱 개인화되고 있다. 마음을 나누고 마음의 짐을 덜어낼 곳이 점차 사라지고 있다. 심리치료상담전문가는 사람들이 마음에 싣고 다니는 짐을 가볍게 해줄 수 있는 사람이다. 심리치료상담전문가는 사람과 사람의 마음을 연구하며, 다양한 이유로 힘들어하는 사람들을 돕고 싶어 하는 사람이다. 그리고 누구보다

이성적이고 논리적인 사고, 더불어 따뜻한 마음을 가진 사람이다.

미래 사회에서도 각광받을 심리치료상담전문가, 그 길을 시작하고자 하는 여러분의 꿈을 응원한다.

theD 마스터플랜연구소

차례

1장
임상심리사
마스터플랜

임상심리사는
어떤 직업이지?

　우리는 살아가는 동안 기쁨, 믿음, 희망, 슬픔, 분노 등 다양한 감정을 느낀다. 어떤 감정은 우리에게 긍정적인 영향을 미치지만, 어떤 감정은 우리를 힘들게 하기도 한다. 행복하고 달콤한 감정은 우리에게 살아갈 힘을 주고, 슬픔, 소외, 우울 등의 감정은 우리를 병들게 한다.

　우리 몸은 마치 감정이라는 에너지로 굴러가는 자동차와 같다. 기쁨, 즐거움, 행복, 사랑, 믿음, 반가움, 아늑함, 우정, 평화로움 등의 긍정적인 감정은 우리를 힘차게 굴러가게 하는 에너지다. 자동차가 주유소에서 에너지를 충전하듯 우리 몸도 즐겁고 편안한 감정이라는 에너지를 충전하며 살아간다.

　반면에 우울, 소외, 외로움, 분노 등의 부정적 감정은 우리 몸의 에너지를 갉아 먹는다. 몸속 에너지가 고갈되는 것을 마음의 병이라고 한다. 마음의 병은 마음은 물론이고 몸도 삐걱거리게 만든다. 그럴 때는 정신적 문제의 원인을 찾아 해결해야 한다. 물론 정신적 문제의 원인을 찾고 해결하는 것은 쉽지 않다. 스스로 진단을 내리기도 어렵거니와 해법을 찾아 해결해나가는 일은 더욱 힘들다. 눈에 보이지 않는 마음 안에서 엉클어진 털실을 찾아 풀기 위해서는 전문가의 도움이 필요하다.

정신적 문제를 진단하고 치료해주는 전문가가 바로 임상심리사다. 임상심리사가 구체적으로 무슨 일을 하고, 어떻게 하면 그 일을 할 수 있는지, 미래 사회에서 어떤 전망과 가치가 있을지 알아보자.

임상심리사가 하는 일

임상심리사는 인지, 행동, 정서, 성격 등에 있어서 정신과적 장애가 있는 개인 또는 집단을 대상으로 치료하는 일을 한다. 또 개인이나 집단이 경험하는 정신적 문제를 예방하기 위한 활동을 하고, 정신적 어려움을 겪은 사람이 사회에 적응할 수 있도록 재활활동을 돕기도 한다. 정신건강 관계자나 기타 산업체, 정부기관 관계자 등에게 스트레스 관리, 범죄자를 다루는 전문적 방법에 대해 자문도 한다.

① 심리 진단

임상심리사는 내담자(심리적인 문제가 있어서 상담자에게 도움을 받는 사람)의 심리를 진단하고 병의 발생 원인을 찾기 위해 다양한 심리 검사와 면담을 진행한다.

인지장애, 신경증적 장애, 정신증적 장애, 성격장애 등 정신과적 장애가 있는 개인 또는 집단을 대상으로 관찰하고 인지 검사, 성격 검사, 신경심리 검사를 한다.

내담자의 문제를 평가하기 위해서는 내담자가 가지고 있는 정신적 문제뿐 아니라 직업적 흥미나 대인관계, 적성 등도 살펴봐야 한다. 임상심리사는 이를 위해 내담자에게 다양한 심리검사를 한다. 이후 임상적 지식을 바탕으로 면담을 하고, 눈에 보이지 않는 미묘한 문제를 진단한다.

② 치료 계획

내담자의 심리를 진단하고 상담을 통해 원인을 찾아냈다면, 장애의 원인을 분석하고 어떤 방법으로 치료하는 것이 효과적일지 계획한다. 이때 치료 방법은 검증된 심리학적 치료법을 전제로 한다. 또한 전체적인 기간과 상담 횟수, 치료 강도 등을 정하여 적절한 치료 계획을 세운다.

③ 내담자 치료

정신과적 장에의 원인 빛 치료 방안을 파악하고 나면 심리학적 이론을 바탕으로 다양한 심리적 기법을 활용하여 치료한다.

치료는 참여 인원과 성격에 따라 개인치료, 집단치료, 가족치료 등으로 진행된다. 이때 행동치료(내담자의 행동을 분석하고 수정하는 치료), 현실치료(현재 시점에서 보다 나은 삶을 위해 내담자의 행동이 바뀌도록 하는 치료), 인지행동치료(인지와 행동에 구체적으로 드러나는 행동을 치료), 게슈탈트치료(역할극 등의 다양한 기법들을 사용해 내담자의 강력한 감정을 표현하도록 자극하는 치료), 정신분석치료(심리학자 프로이트가 만든 정신분석 이론을 바탕으로 하는 치료), 인지치료(왜곡된 인지를 바로잡는 치료), 심리극(갈등 상황을 연기로 표현하는 치료, 사이코드라마), 학습치료(학업 수행에 어려움을 갖는 아이가 학습 상황에서 자신의 잠재 능력을 충분히 발휘하도록 돕는 치료), 놀이치료(놀이를 통해 하는 치료) 등의 심리학적 치료 방법을 활용한다.

④ 토론과 공조

내담자 심리평가 결과와 치료 경과에 대해 정신과 의사 등 정신보건 관련 전문가들과 함께 토론하고 공조한다. 이를 통해 전문가들이 더 나은 치료 방법을 함께 연구할 수 있다.

⑤ 연구

내담자를 더욱 효과적으로 치료할 수 있는 방법을 찾기 위해 정신장애의 심리적 원인과 과정을 연구한다. 세계 전문가들의 자료를 찾아 끊임없이 공부하고 직접 겪은 사례들을 탐구한다.

⑥ 치료 방법 및 도구 개발

정신병리의 진단 및 치료를 위한 방법이나 도구를 개발한다.

임상심리사의 요구 능력

임상심리사로서 일을 잘하기 위해서 필요한 능력이 있다. 임상심리사가 되기 위해서는 어떤 능력들을 갖추면 좋을까?

우선 원활한 의사소통능력이 필요하다. 임상심리사는 심리 검사와 상담을 통해 내담자의 심리적인 문제와 성격을 파악해야 한다. 이때 내담자가 거부감을 갖지 않고 깊이 숨겨두었던 마음을 꺼내놓을 수 있도록 해야 한다. 그러므로 임상심리사는 다른 사람들과 의사소통을 잘할 수 있어야 한다. 내담자의 이야기에 깊이 공감하는 공감 능력과 인내심도 필요하다.

더 나아가 대화를 나누며 문제의 원인을 짚어내야 한다. 때문에 문제의 원인을 유추해낼 수 있는 분석적인 사고도 필수이다. 이를 통해 체계적인 치료 계획을 세울 수 있어야 하며, 치료 과정과 결과를 정리하고 연구, 개발할 수 있는 능력도 필요하다.

임상심리사에게 필요한 능력

필요 능력	설명
추리력	문제해결 및 의사결정을 위해 정보의 의미를 파악한다.
선택적 집중력	주의를 산만하게 하는 자극에도 불구하고 원하는 일에 집중한다.
가르치기	다른 사람들에게 일하는 방법에 대해 가르친다.
관찰력	내담자와 내담자의 상황을 관찰한다.
듣고 이해하기	다른 사람들이 말하는 것을 집중해서 듣고 상대방이 말하려는 요점을 이해하거나 적절한 질문을 한다.
글쓰기	글을 통해서 다른 사람과 효과적으로 의사소통한다.

학습 전략	새로운 것을 배우거나 가르칠 때 적절한 방법을 활용한다.
듣기	내담자의 이야기를 집중하여 경청한다.
행동 조정	다른 사람들의 행동에 맞추어 적절히 대응한다.
판단과 의사결정	이득과 손실을 평가해서 결정을 내린다.
논리적 분석	문제를 해결하기 위해(혹은 의사결정을 하기 위해) 체계적으로 이치에 맞는 생각을 해낸다.
움직임 통제	신체를 사용하여 기계나 기구를 정확한 위치로 빠르게 움직인다.
읽고 이해하기	업무와 관련된 문서를 읽고 이해한다.

*출처: 워크넷(www.work.go.kr)

임상심리사가
되기까지

직업은 평생 해야 하는 만큼 일을 하는 동안 즐거워야 한다. 일을 즐겁게 하기 위해서는 자기 적성에 맞아야 한다. 또한 그 일을 제대로 해내는 직업인이 되기 위해서는 준비도 차근차근 해야 한다. 임상심리사에게는 어떤 소질이나 성격이 어울릴까? 또한 무엇을 준비하면 좋을까?

어떤 성격이 맞을까?

임상심리사는 내담자와 상담을 통해 치료를 한다. 상담이 업무의 대부분을 차지하고, 거의 모든 업무가 사무실에 앉아서 진행되므로 활동적인 사람보다는 성격이 조용하고 정적인 사람에게 적합하다. 그렇다고 활동적인 사람에게 어울리지 않는다는 말은 아니다. 내담자의 다양한 상황에 대한 이해능력과 따뜻한 마음이 더 중요하다. 내담자의 사생활 보호를 위해 상담 내용은 비밀로 해야 한다.

다음 임상심리사에게 적합한 적성을 살펴보고 자기 자신에게 어울리는지 생각해보자.

① 스트레스 감내

다른 사람의 문제를 들어주는 일은 때때로 임상심리사 자신에게 엄청난 마음의 부담을 줄 수 있다. 따라서 고도의 스트레스 상황에서도 이를 효과적으로 대처하는 능력이 필요하다. 훈련을 통해 극복이 가능하지만, 타고난 성격과 맞지 않는다면 다시 생각해봐야 할 중요한 부분이다.

② 타인에 대한 배려

다른 사람들의 욕구나 느낌에 민감하게 반응하고 타인을 이해하고 도와주는 성격이 어울린다.

③ 분석적 사고

문제에 대한 답을 구하기 위해 정보를 잘 분석하고 논리적으로 접근해야 한다.

④ 자기통제

견디기 어려운 상황에서도 공격적 행동을 보이지 않고 분노를 통제하며 심리적 평정을 유지한다.

⑤ 인내

장애가 있어도 포기하지 않고 계속 참고 견딘다.

⑥ 적응성과 융통성

변화와 가지각색의 다양성에 대해 개방적이다.

임상심리사가 가져야 할 가치관

가치관	설명
개인 지향	여러 사람과 어울려 일하기보다는 혼자 일할 수 있다.
지적 추구	새로운 지식을 얻을 수 있다.
심신의 안녕	심신의 여유를 가질 수 있다.
고용 안정	고용이 안정되어 있어서 정년까지 일할 수 있다.
신체 활동	업무시 신체 활동을 많이 하지 않아도 된다.
이타	남을 위해 봉사할 수 있다.
타인에 대한 영향	타인에 대해 영향력을 발휘할 수 있다.

*출처: 워크넷(www.work.go.kr)

임상심리사의 흥미

임상심리사는 호기심이 많아야 한다. 사람과 사물, 사회, 문화 등 다방면에 호기심이 있고 관찰하는 것을 좋아하는 성향이 잘 맞는다. 호기심을 갖고 탐구하며 원인과 결과를 논리적으로 유추하는 것을 즐긴다면 훌륭한 임상심리사가 될 수 있다.

또한 상징적, 체계적, 창조적인 활동이 필요한 조사나 연구 활동에도 흥미가 있어야 한다. 그러한 활동에 재미를 느끼고 끊임없이 탐구하는 것을 즐거워할 때 임상심리사로서의 자질이 충분하다고 할 수 있다.

하지만 임상심리사가 되기 위해서는 이러한 학문적 탐구나 기질만으로는 부족하다. 전문적 지식을 토대로 다른 사람들의 마음을 치유해야 하기 때문이다. 다른 사람들의 이야기를 듣고 마음의 병을 짚어내는 일에는 기본적으로 사람들에 대한 애정과 돕고자 하는 마음이 우선이다. 다른 사람들의 아픔을 보듬고 치료하기 위해 개인을 훈련시키고 발달시키는 일에 관심이 있다면 임상심리사라는 직업에 관심을 가져보자.

한 가지 더! 사물, 도구, 기계 및 동물들에 대한 명확하고 질서정연하며 체계적인 조작을 필요로 하는 활동들에 대해서도 흥미를 가져야 한다. 단순히 이야기를 듣고 수다를 떠는 것이 아니라 이야기와 상황 속에서 장애의 원인과 치료 방법을 논리적으로 생각할 수 있어야 하기 때문이다. 치료 상황을 체계적으로 정리할 수 있어야 하고, 상담 사례들을 학문적으로 깊이 있게 연구해야 한다.

임상심리사에게 필요한 능력과 자격증

임상심리사에게는 사람들을 배려하고 돌보는 능력이 가장 필요하다. 동료, 고객, 환자를 치료하고 정서적으로 지지하고 돌보는 활동이 가장 중요하다. 또한 보고 들은 정보를 해석하고, 근본 원리와 이유, 사실 등을 알아낼 수 있는 분석적 능력도 요구된다. 이를 위해서는 사람, 사물, 행동, 사건을 파악할 수 있어야 한다. 차이점과 유사점을 분류하는 일, 각 상황에서 변화를 알아차리고 요점을 짚어내는 일 또한 중요하다.

이렇게 알아낸 정보를 내담자에게 조언하고 안내하며, 프로그램을 만들어 교육하는 일도 한다. 치료 과정에서 구체적인 목표와 우선순위를 정하고 배치하여 체계적인 치료법을 제시하고 인내를 가지고 완수한다. 이 과정에서 가장 좋은 해결책을 선택하기 위한 문제해결력과 의사결정력도 임상심리사가 갖추어야 할 자질이다.

현재 임상심리사의 학력은 대졸 50퍼센트, 대학원졸이 50퍼센트로 분포된 것으로 조사된다. 전공은 인문계열

(80%)의 비율이 가장 높고, 의학계열(13%), 사회계열(7%)의 순이다. 관련 학과로는 심리학과, 상담심리학과, 임상심리학과, 산업심리학과 등이 있다. 관련 자격증으로 임상심리사 1·2급(한국산업인력공단), 정신보건임상심리사 1·2급(보건복지부)이 있다.

임상심리사의 도달 경로

임상심리사는 일반적으로 대학에서 심리학이나 임상심리학을 전공하고 석사 이상의 학위나 임상심리사 자격을 취득해야 한다. 이후 박사 학위를 밟거나 수련 또는 경력을 쌓고 추가 자격을 취득하는 경우도 많다.

추가 자격이라 함은 정신보건임상심리사로, 학사학위 이상의 소지자(혹은 임상심리사 2급 소지자)가 보건복지부 장관이 지정한 전문요원 수련기관에서 일정 기간 수련을 마친 뒤 취득할 수 있다.

과거 임상심리사는 병원의 정신과에서 심리치료를 중심으로 활동했다. 그런데 최근에는 사설 심리치료센터를 개업하는 일이 많다. 정부나 지역사회로부터 임상심리사의 전문적인 역량을 인정받아 국가기관(국가인권위원회, 청소년보호위원회, 가정 법원, 경찰청, 보호관찰소, 교도소, 학교 등)이나 지역주민의 정신건강을 담당하는 정신보건센터에서 일하는 경우도 많고, 대기업의 전문 인력으로 근무하기도 한다. 이때 임상심리사들이 중요하게 생각하는 일은 근무지에서 승진하는 것보다 임상경험을 통해 2급 자격에서 1급 자격으로, 임상심리사에서 정신보건임상심리사로 경력개발을 하는 일이다. 병원이나 관련 시설에서 경력을 쌓으면 정신요양시설이나 사회복귀시설을 설립하여 운영할 수도 있다.

임상심리사로
미래를 살아갈 수 있을까?

오늘날 임상심리사는 여성과 40대 이하 근로자 비율이 높다. 학력은 대졸 이상인 경우가 많다. 근무 시간은 일반 회사원보다 비교적 자유로운 편이다. 대부분 정규 근무 시간(9시~18시)에 근무하지만, 내담자가 원하는 시간에 맞추어 탄력적으로 일하고 있다. 또 근무 장소에 따라 시간제나 주 2~3일로도 일한다. 근무 장소가 병원인 경우에는 정신과의사, 간호사, 사회복지사 등과 한 팀을 이루고, 상담소인 경우에는 독립된 공간에서 근무한다.

그렇다면 미래에 임상심리사는 어떤 환경에서 일하게 될까? 이 직업의 미래 가치는 어디에서 찾아야 할까?

임상심리사의 미래 전망

산업혁명 이후 기술이 급속하게 발전하면서 산업 구조가 변화되었다. 이에 따른 빈부격차, 개인주의 등은 우리의 삶을 힘들게 하는 요소이다. 개인주의가 심화된 현대에는 예전처럼 마을이나 집단이 정신적 문제나 스트레스를 완화시켜주지 못하기 때문에 전문가의 역할이 더욱 중요해지고 있다.

게다가 스마트폰 중독, 가치관의 변화 등으로 사람들은 심리, 정서, 대인관계 등의 문제를 더 많이 안게 되었다. 삶을 살아가면서 마주하는 수많은 경쟁들도 마음을 병들게 한다. 학교폭력, 직장 내 따돌림, 우울증 등으로 어려움을 겪고 있는 현대인에게 상담과 치료는 매우 중요한 역할을 하고 있다.

임상심리사는 미래 사회로 갈수록 그 역할이 더욱 중요해지고 있다. 과거에는 정신적 문제로 치료를 받거나 상담을 받는 것에 대한 사회적 인식이 별로 좋지 않았다. 정신이나 마음에 문제가 있다는 사실을 부끄럽게 생각했기 때문에 심리 상담이나 치료를 몰래 받거나 되도록 받지 않았다. 하지만 점차 상담에 대한 사회적 인식과 분위기가 달라지면서 치료와 상담을 받는 개인이나 집단이 늘고 있다.

임상심리사는 개인적으로 심리상담소를 차릴 수 있다.

최근 심리상담소를 찾는 이들이 많아지는 만큼 심리상담소의 형태도 다양하게 변화하고 있다. 주로 언어, 미술, 음악 등의 다양한 분야와 접목해 심리적 문제를 진단하고 치유하고 있다. 임상심리사의 활동 범위가 점차 넓어지고 있는 추세이다.

장애인 복지 지원 확대로 바우처 사업이 활성화되면서 수요자가 증가한 것도 임상심리사가 유망 직종으로 자리 잡는 데 한몫을 했다. 또한 해마다 임상심리사 자격 시험에 응시하는 사람이 증가하고 있어 이 직업에 대한 관심이 점점 높아지고 있음을 알 수 있다.

대형병원이나 공공 기관에서 구할 수 있는 일자리 범위도 점점 넓어지고 있다. 미래 사회로 갈수록 임상심리사의 고용 규모는 증가할 것으로 전망된다. 2017년 한국직업정보 재직자 조사에 따르면 '향후 10년간 임상심리사 일자리가 증가할 것인가?'라는 질문에서 약 87퍼센트의 응답자가 향후 일자리가 증가할 것이라고 응답했다.

불안으로부터 도망치는 11가지 모습

사람들은 살면서 수많은 감정을 느끼지만, 그 모든 감정과 생각을 모두 밖으로 표현하고 사는 것은 아니다. 상황에 따라 또는 어떤 이유로든 부정적 기억, 아팠던 기억, 누구에게도 쉽게 말할 수 없는 기억을 마음 깊은 곳에 감춘다. 이처럼 본인도 스스로 알지 못할 만큼 깊은 내면 세계에 감정과 기억을 넣어두는데, 이를 무의식이라고 한다.

무의식은 정신분석학에서 나온 말이다. 정신분석학은 심리학자이자 의사였던 프로이트(Sigmund Freud, 1856-1939)가 만든 심리 이론이다.

프로이트에 의해 시작된 정신분석은 인간의 마음이 어떻게 작동하는지 이해하는 방법 중에 한 가지이다. 즉, 정신분석가는 대화를 통하여 환자의 마음을 이해하고, 이러한 이해와 해석을 환자에게 알려줌으로써 환자가 자신의 문제점을 해결하는 데 도움이 되도록 한다.

프로이트는 한 사람의 행동 및 사고, 감정 등은 우연히 일어나는 것이 아니라 과거에 그 사람이 겪었던 여러 가지 사건에 의해 결정된다고 생각했다. 그리고 과거에 겪은 사건과 현재의 행동 및 생각, 감정 등의 연결은 우리가 의식하고 있는 마음으로는 설명이 잘 되지 않지만, 마음에서 잘 모르는 부분(무의식)을 알면 이해하기가 훨씬 쉽다고 했다. 또한 평소에는 잘 모르고 있던 무의식이 실은 마음의 대부분을 차지하며, 실제로 의식하고 있는 마음은 매우 적은 부분을 차지한다고 한다.

그런데 인간은 외부의 위협을 받을 때 자기 자신을 보호하려고 한다. 이를 방어기제라고 한다. 방어기제란 '불안을 조절하고 낮추기 위해 스스로를 방어하는 방법'이다. 자기 자신을 위협으로부터 방어하기 위해 의식적 또는 무의식적으로 스스로를 속이며 정신적인 상처로부터 도망가려는 심리를 뜻한다.

프로이트가 말한 방어기제 11가지를 다음 예시와 함께 알아보자.

① 억압

가장 기본적인 방어기제인 억압은 현실에서 고통스럽거나 견딜 수 없는 사실을 의식에서 무의식 속으로 억누른다.

- 어떤 사고나 사건을 겪은 뒤 그 괴로움을 잊기 위해 술을 마시는 행동
- 전쟁터에서 졸도한 군인이 그곳에서 겪은 일을 기억하지 못하는 일

② 합리화

용납하기 어려운 자신의 행동에 대해 설명하고 변명하여 자신의 행동을 합리화시킨다.

- 시험 기간에 'OO도 안 하고 있는데 뭐!'라고 여기면서 자신도 공부를 하지 않는 행동
- 사랑을 고백한 뒤 차이고 나서 '사실 쟤는 내 스타일이 아니었어. 원래 일주일만 만나고 내가 차려고 했지'라고 생각하는 것

③ 부정

사건이 일어났다거나 상황이 존재한다는 것을 믿지 않고 거부하는 것이다.

- 사랑하는 아들이 교통사고로 사망했는데, 그의 어머니가 여전히 아들이 살아 있다고 생각하는 것

- 암 말기 환자가 자신의 병을 의사가 오진했다고 주장하는 행동

④ 투사

자신의 받아들이기 어려운 충동, 바람, 특성들을 다른 누군가의 탓으로 돌려 자신을 보호한다.

- 한 남성을 좋아하는 여성이 그 남성이 자신을 유혹했다고 고소하는 것
- 한 여성이 길을 지나가다가 짧은 치마를 입은 다른 여성을 보고 화를 내거나 분노하는 것

⑤ 주지화

어떤 위협을 냉철하고 분석적이며 때로 초연하게 생각함으로써, 그 사고와 관련된 감정에서 자신을 분리하여 불안으로부터 격리시킨다.

- 남편이 암으로 시한부 선고를 받은 것을 알게 된 부인이 암 치료에 대해 배우며 괴로움으로부터 자신을 보호하는 것

⑥ 반동 형성

실제 느끼는 감정을 직접적으로 표현하지 않고 반대로 행동하거나 표현한다.

- 부모님을 사랑하지만, 항상 나쁘고 모질게 이야기하거나 투덜

대고 후회하는 행동

⑦ 퇴행

심한 스트레스 상황이나 곤경에 처해 있을 때 불안을 감소시키려고 이전의 발달 단계로 후퇴하는 행동을 한다.

- 동생이 태어난 후 동생의 젖병을 빼앗아 물거나 칭얼거리는 등 아기 같은 행동을 함

⑧ 전위

어떤 대상이 위협적으로 느껴질 때 자신의 감정을 그 대상에게 직접적으로 표현하지 못하고 힘이 약한 다른 대상에게 자신의 감정을 발산하는 것을 말한다.

- 싸움 잘하는 친구에게 괴롭힘을 당한 뒤 자기보다 약한 친구에게 힘을 과시하거나 괴롭히는 일

⑨ 승화

사회적으로 용인될 수 없는 성적이고 공격적인 충동을 사회적으로 수용될 만한 형태로 전환하여 표현한다.

- 공격적인 충동으로 칼을 좋아하는 사람이 직업으로 외과의사를 선택하는 것
- 예술가가 자신의 성적 욕망을 예술로 표현하는 일

⑩ **취소**

스스로 용납할 수 없는 행동을 한 후 어떤 행동을 통해 무효화시킨다.

- 한 사람을 대상으로 성적인 충동을 느낀 후 계속 손을 씻는 행위
- 외도를 한 남편이 퇴근길에 아내에게 꽃을 선물하는 것

⑪ **격리**

떠올리고 싶지 않은 기억과 관련된 감정을 억압하여 격리시킨다.

- 우울증을 앓고 있는 대상자가 무덤덤하게 행동하는 것

2장
예술치료사
마스터플랜

예술치료사는
어떤 직업이지?

요즘은 마음을 치료하는 데에 여러 가지 매개를 사용한다. 또 심리 치료에 대한 사회적 요구가 높아짐에 따라 사람들에게 친숙하거나 치료에 효과적인 여러 방법들이 점차 많아지고 있다.

그중 하나가 바로 예술치료이다. 예술치료란 예술 활동을 통해 신체나 정신적 문제를 예방하고 치료하는 일을 뜻한다. 예술치료에는 독서치료, 미술치료, 음악치료 등이 있다. 독서치료는 문학을, 미술치료는 미술을, 음악치료는 음악을 치료 방법으로 사용한다.

예술치료사가 하는 일
예술치료사는 문학, 미술, 음악 등 예술 활동을 통해 내담자가 스스로를 돌아보고 자아가 성장하도록 돕는다. 말로는 다 표현하지 못하는 감정이나 생각을 예술 활동을 통해 풀어내도록 하며, 그 과정에서 정서적인 카타르시스를 경험하고 치유를 받는다.

요즘은 정신과적 치료에 대한 사회적 인식이 변화하고 있다. 예전에는 심리 치료를 받는다고 하면 주변 사람들의 시선이 곱지 않았다. 그래서 스트레스를 스스로 참아내거나 심리적 상처를 방치하는 경우도 많았다. 심각한 경우에도 치료를 거부했다. 하지만 문학, 미술, 음악 등의 예술치료는 치료와 상담에 거부감을 덜어주어 사람들이 치료에 보다 쉽고 친숙하게 다가가도록 돕는다.

마음의 상처들을 해소하지 못한 채 살아가는 일은 개인에게 무척 가혹하다. 특히 아이들은 어린 시절의 상처로 인해 심각한 상황에 이르기도 한다. 사람들은 왕따, 가정불화, 가정폭력 등을 비롯해 말하지 못할 상처를 평생 안고 살아가기도 한다. 그만큼 인간은 약한 존재이다. 이를 극복하고 잘 살아가는 사람들도 많지만, 치료가 꼭 필요한 사람도 있다.

예술치료는 예술 활동을 통해 심리가 치유된다는 장점을 가지고 있다. 책을 읽고 글을 쓰며 이야기를 나누고, 그림을 그리고, 악기를 연주하고 음악을 만들면서 마음을 탐색하고 강인하게 만든다. 책을 읽고, 그림을 그리고, 악기를 연주한다는 사실은 정신과적 치료를 한다는 느낌보다 예술 활동을 한다는 인식이 강하기 때문에 내담자들의 수요가 점점 많아지고 있는 추세이다.

예술치료사는 내담자에 따라 치료 방법을 달리 하며, 가장 잘 맞는 예술 활동을 찾아 내담자가 겪고 있는 문제의 원인을 탐색해나간다. 원인을 찾아내면 어떻게 치료할지 계획하고 실행한다. 치료 과정을 보고서로 작성해 남기고, 치료 사례를 연구하고 치료법을 개발하는 것도 이들의 역할이다.

예술치료사의 종류

예술치료는 예술활동을 통해 정서, 심리, 사회적 관계 등을 치료하는 상담이다. 예술치료에는 다양한 예술 치료 방법이 있지만 대표적으로 독서치료, 미술치료, 음악치료 등을 꼽을 수 있다.

독서치료는 책을 비롯한 독서와 연계된 활동을 하도록 한다. 그림, 영상, 공연 등 이야기가 있는 예술이라면 모두 독서치료로 활용할 수 있다. 이야기 속에서 자신의 상황을 끄집어내기도 하고, 자기와 동일시하며 감정을 해소하고 해결 방법을 모색하기도 한다. 글쓰기 또한 독서치료의 한 방법으로, 내면을 들여다보고 자아를 향상시키는 아주 좋은 방법이다.

미술치료는 그림을 보거나 직접 그리고, 그림과 연계된 다양한 예술 활동을 하며 심리를 분석하고 치유해 나간다. 말로 표현하지 못하는 생각과 느낌을 표현할 수 있는 최적의 활동이라고 볼 수 있다.

음악치료는 음악을 매개로 심리를 치유한다. 우리는 보통 스트레스가 쌓이거나 심리가 불안정할 때 음악을 듣는 경우가 많다. 가게에서 흘러나오는 음악은 편안한 쇼핑을 돕고, 크리스마스 캐럴은 즐거운 감정을 만들며, 병원에서 흘러나오는 음악은 심리적 안정을 돕는다. 음악의 효과는 우리가 익히 경험하여 알고 있을 것이다.

음악치료사는 내담자로 하여금 다양한 악기를 직접 연주하며 심리적 카타르시스를 느끼고 스트레스와 감정을 해소할 수 있도록 돕는다. 뿐만 아니라 곡을 직접 만들면서 자신을 보다 깊이 표현할 수도 있다.

예술치료사의 특징 및 요구 능력

예술치료사는 예술을 매개로 심리상담과 치료를 하는 만큼 예술 활동에 대한 이해와 심리학적인 이론을 동시에 갖춰야 한다. 예술과 심리 모두 전문가로서의 소양을 충분히 갖추어야 하기에 학문적으로 깊이 있게 공부해야 한다.

학문의 깊이를 갖추었다면 내담자를 상대할 수 있을 만한 의사소통 능력도 필요하다. 몸이나 마음이 아픈 사람을 대한다는 건 보통 사람들을 대하는 일보다 예민하고 까다로운 일이다. 다른 사람의 힘든 이야기를 계속해서 들어야하는 것도 스트레스가 될 수 있다. 정서가 상당히 불안정하고 비이성적인 사람을 대할 때도 있는데, 이때 인내하고 수용하되 무조건 내담자의 감정에 휩쓸리면 안 되므로 이성적인 사고를 놓치지 말아야 한다. 이러한 모든 면에서 인내와 스트레스 감내성이 요구된다.

상대방의 이야기를 경청하고 감정에 깊이 공감할 수 있어야 하며, 상대방의 상황, 감정, 이야기 속에서 실마리를 찾고 원인을 논리적으로 유추하는 것도 이들의 역할이다. 전문가적 지식을 바탕으로 올바른 치료법을 찾고, 내담자를 리드해야 한다.

독서치료사

독서치료사는 내담자의 정신과적 장애를 치료하는 데 독서의 과정을 활용한다. 내담자가 이야기를 읽고 해석하고 느끼면서 자아통찰, 자기이해, 문제해결, 행동수정, 올바른 인간관계 형성, 정서적인 카타르시스 경험, 이야기를 읽는 즐거움, 세상을 보는 견해를 확장시키는 과정이라고 할 수 있다. 내담자가 책을 읽고 여러 활동을 하면서 자기 문제를 스스로 해결할 수 있도록 돕는 사람이 바로 독서치료사이다.

독서치료사가 하는 일

독서치료사는 독서 과정을 활용해 개인이나 집단의 심리를 치료하는 일을 한다. 독서치료는 일반 심리치료와 같이 개인의 정신과적 장애를 다룬다. 가족관계, 또래집단 내의 문제, 학교와 직장 등 대인관계, 우울, 불안, 자존감, 정신적 외상, 사회적 적응 문제 등 개인과 집단이 겪고 있는 고통을 해결할 수 있도록 돕는다.

독서치료의 가장 중요한 매체는 책이다. 독서치료는 텍스트를 읽고 해석하며 받아들이는 과정에 치료 기능이 있다. 때문에 종이책이나 전자책은 물론이거니와 영화와 같은 영상, 연극, 뮤지컬 등의 공연, 사진, 그림 등 문학과 연계된 다양한 자료들을 치료에 활용할 수 있다.

내담자는 다양한 인물과 사건이 등장하는 이야기를 함께 읽으면서 이야기에 나오는 등장인물에 자신을 비추어 생각하게 된다. 그러한 과정에서 자신의 심리적 문제가 혼자만 겪는 것이 아니라는 사실을 알게 된다. 이때 독서치료사는 내담자로 하여금 문제의 원인과 본질을 깨닫고 고통을 완화할 수 있는 문제해결방법을 찾을 수 있도록 치료적 상호작용을 만든다.

독서치료의 과정에서는 읽기 외에도 자신의 문제나 통찰된 깨달음 또는 변화된 자신의 상태 등을 표현할 수 있는 다양한 예술적 표현 활동을 할 수 있다. 말하기와 글쓰기가 가장 기본적인 표현 활동이며, 독서치료사의 역량에 따라 극화된 활동을 만들 수도 있다. 또한 그림, 사진, 영상 등 다양한 예술 표현 기법들을 활용할 수 있다. 이렇게 내담자들의 자기표현을 통해 만들어진 결과물들이 독서치료의 자료로 사용되어 다른 사람들에게 좋은 영향을 미치기도 한다.

독서치료에는 다양한 심리검사가 활용된다. 내담자의 성격, 적성, 인성 등 심리적 특성에 대해 객관적인 심리 검사를 하고, 이를 바탕으로 독서치료를 시작, 진행, 종결하는 전반의 과정에서 내담자를 이해하고 치료적 결과를 진단한다.

독서치료의 대상은 어린이부터 노인, 심각한 장애를 가지고 있는 사람, 글을 읽지 못하는 사람부터 독서 수준이 매우 높은 사람까지 그 범위에 제한이 없다.

독서치료는 개인이나 집단으로 이뤄진다. 개인치료는 독서치료사가 한 명의 내담자를 만나 진행한다. 한 사람의 문제에 집중해서 치료할 수 있다는 장점이 있다. 집단치료는 내담자들이 모둠을 이루어 함께 진행한다. 유사한 경험을 가진 내담자들이 모둠을 이루는 경우가 많고, 독서와 치료 활동을 통해 교류하며 함께 성장할 수 있다.

독서치료사의 적성과 흥미

독서치료사는 책, 영상, 공연, 전시작품 등의 독서 자료를 매개로 심리치료를 하는 만큼 내담자가 읽고 보는 것을 좋아해야 한다. 읽은 것을 바탕으로 다른 사람들과 이야기하는 것을 즐기면 더욱 좋다.

독서치료의 대상은 어린이부터 노인까지 연령 제한이 없으므로 심리학, 아동학, 상담학 등에 대한 흥미와 지식이 있어야 한다. 또한 다양한 사람들을 치료해야 하기 때문에 사람들에 대한 믿음, 포용력, 존중감 등이 기본이다.

독서치료사에게 필요한 능력과 자격증

독서치료사가 되기 위해 요구되는 학력은 없다. 대학교의 정규 학위 과정을 수료하거나 대학교 사회교육원 또는 평생교육원에서 개설한 독서치료과정 또는 독서치료사 민간자격 교육기관에서 교육을 받을 수 있다.

독서치료사를 양성하는 기관으로 한국독서치료학회 등이 있다. 한국독서치료학회는 독서심리전문상담사 2급, 1급, 전문가 과정을 위한 자격 제도를 관리, 운영하고 있다. 이러한 자격을 취득하기 위해서는 그에 적합한 교육과 수련 과정을 거쳐야 한다.

독서치료 입문 자격증이라 할 수 있는 2급 자격시험을 치르기 위해서는 독서치료, 문학, 심리학 영역에 해당하는 교육을 135시간 이상 이수해야 한다. 자격 승급을 위해서는 심화 교육과 실습과 슈퍼비전, 학회 활동 등에 참여하여 기량을 연마하고, 연구와 저술 활동으로 인한 결과물을 제출하기도 한다. 일반인뿐 아니라 심리적, 정서적으로 어려

움을 겪고 있는 사람들을 치료하므로 다양한 경험과 지식
이 필요하며, 석사 이상의 학력을 소지한 사람들이 많은 편
이다.

독서치료사의 도달 경로

독서치료사가 되려면 무엇보다 독서의 즐거움과 영향력,
파급력에 대한 믿음을 가져야 한다. 또한 인간이 지닌 존엄
성을 존중하고, 슈퍼바이저(상급 수련 감독자)의 지도를 꾸
준히 받으며 내담자에게 최선을 다해야 한다. 독서치료사
가 되고 싶은 사람들은 문학과 심리학, 상담학, 미디어학
등과 관련된 학위 과정뿐만 아니라 다양한 예술 관련 전공
을 하는 것이 도움이 된다.

독서치료사의 근무 조건은 기관에 따라 차이가 있다. 정
규직으로 채용하는 경우도 있지만 프리랜서로 일하는 경우
가 더 많다. 프리랜서로 일하는 경우 공공 기관이나 국가사
업의 표준임금에 규정된 바에 따라, 그리고 개인의 경력에
따라 차등된 비용을 받는다.

복지관에서 활동하는 독서치료사의 경우, 월 4회에
15~30만 원 정도이며 복지관과 별도의 계약을 맺어 비율
에 따라 수입을 얻게 된다. 개인적으로 치료하는 경우 치료
사마다 다르게 책정하고 있지만 일반적으로 1회기(40~50

분)에 약 5만~10만 원 정도다.

독서치료사의 미래 전망

미래 사회로 들어서면서 점점 개인의 심리치료가 중요해지고 있다. 이에 심리치료사의 종류가 더욱 세분화되고 다양한 매체를 이용한 심리치료가 이뤄지고 있는 추세다.

서로를 이해하는 폭이 좁아지고 있는 우리 사회에서 이야기를 통해 타인을 이해하고 자신을 위로하는 독서치료는 매우 중요한 매개라고 볼 수 있다. 그러므로 문학작품 등의 책을 읽으며 그 과정에서 내담자를 치료하는 독서치료사의 역할은 점점 중요해지고 있다.

독서치료사는 개인 상담실을 개업해 운영하거나 공공 기관에서 일할 수 있다. 어린이집, 유치원, 초·중·고등학교, 대학교, 사회교육기관 또는 평생교육기관에서 상담사 또는 교육을 담당하는 전문 강사로 활동할 수 있다. 교육기관 이외에도 각종 사회복지기관, 의료기관에서 전문상담사로 일할 수 있다. 또한 국가 사업이 이루어지는 군부대, 교정 시설, 다문화 집단, 범죄 피해자, 가해자, 재난 피해자와 가족 등과 같은 특수 대상자들을 대상으로 독서치료활동을 할 수 있다.

미술치료사

심리를 치료하는 다양한 방법 가운데 하나는 그림이다. 그림을 이용해 심리를 치료하는 방법을 '미술치료'라고 한다. 미술치료는 미술 활동을 통해 내담자의 감정과 내면세계를 표현한다. 느낌이나 생각은 말로 표현하기 힘든 경우가 많은데, 이러한 느낌이나 생각을 미술 활동을 통해 표현하면 감정이 정화되고 안도감을 느끼게 된다. 또한 스스로 마음을 돌아봄으로써 성숙한 자아로 가는 계기가 된다.

미술심리사는 구체적으로 어떤 일을 하며, 어떤 과정을 거치면 그 일을 할 수 있을까?

미술치료사가 하는 일

미술치료사는 사회적, 심리적, 정서적 문제를 안고 있는 내담자를 대상으로 미술 활동을 통해서 내면을 드러내도록 하고, 갈등 문제를 분석, 진단하고 치료한다.

미술치료는 교육, 재활, 정신치료 등 다양한 분야에서 활용되고 있다. 미술치료사는 개인 상담실이나 병원, 학교, 복지관 등에서 일한다. 그곳에서 내담자를 만나 여러 종류의 그림 검사와 상담을 통해 내담자의 문제점을 파악한다. 그림 검사는 내담자에게 집, 나무, 사람, 가족화 등 여러 그림을 그리게 하면서 진행된다. 그림 검사를 통해 내담자의 문제점을 파악할 때에는 미술에 대한 내담자의 흥미와 인성 발달, 능력, 정서, 대인관계에서 발생하는 문제점 등을 종합하여 판단한다.

내담자의 문제점을 파악하고 나면 치료 계획을 수립하여 치료 기간, 방법, 횟수 등을 정하고 치료를 시작한다. 치료라고 해서 병원처럼 약물을 사용하는 치료는 아니다. 미술과 연계하여 그림 완성하기, 풍경화 구성하기, 전신상 그리기, 점토사람 만들기, 난화 그리기, 감정 그리기 등 다양한 치료 활동을 한다.

미술치료의 종류는 정신분석적 미술치료, 인간 중심 미술치료, 행동주의적 미술치료, 게슈탈트 미술치료, 가족 미술치료, 집단 미술치료 등으로 다양하다. 이러한 활동을 통해서 개인의 갈등을 조정하고 자아 성장을 돕는다.

치료 활동이 종료되면 치료에 대한 평가를 하고 보고서를 작성한다. 이후 내담자와 치료 결과에 대해서 의논한다.

미술치료사가 하는 일의 순서

① 상담과 미술 활동을 통해서 내담자의 심리적 문제를 진단한다.

② 미술에 대한 흥미, 인지적 발달, 정서상의 문제점 등을 파악한다.

③ 진단 결과를 바탕으로 내담자 치료를 위한 프로그램을 계획한다.

④ 내담자에게 그림 완성하기, 풍경화 구성하기, 전신상 그리기, 점토사람 만들기, 난화 그리기, 감정 그리기 등 미술 치료를 진행한다.

⑤ 치료를 진행하면서 상담 일지를 작성한다.

⑥ 치료가 종료되면 치료 결과를 평가하고 보고서를 작성한다.

⑦ 치료 결과에 대해 내담자와 의논한다.

미술치료사의 적성과 흥미

미술치료는 심리치료에 미술을 활용하는 만큼 미술치료사는 미술에 대한 흥미가 있어야 한다. 또 사람들에 대한 호기심이 많으면 좋다. 다른 사람의 이야기를 듣고 해결방안을 제시하는 데에도 적성이 맞아야 한다.

내담자가 미술 활동을 수행하면 이를 이해하고 분석할 수 있는 능력도 필요하다. 사람과 사건, 사물에 대해 원인과 결과를 유추하는 데 재미를 느끼면 좋다.

상담 일지나 보고서를 분석하는 것에도 흥미를 느낀다면 보다 꼼꼼하게 작성할 수 있다. 치료 과정에서 발생했던 여러 가지 일들을 꼼꼼히 기록하고 정리해야 하기 때문에 글을 쓰고 이야기를 정리하는 것에 거부감이 없어야 한다. 이때 글쓰기 실력이 중요한 것은 아니다. 내담자를 잘 관찰하고 판단한 내용을 객관적으로 정확하게 쓸 수 있는 정도면 된다. 이렇게 정리한 일지나 보고서는 내담자의 현재 상태와 치료의 적절성 등을 점검하는 데 매우 중요하게 작용하기 때문이다. 뿐만 아니라, 다른 치료진들과 내담자의 정보를 공유하는 데에도 사용된다.

한편 직업조사기관에서 조사한 미술치료사의 기본 성격은 자기통제, 스트레스 감내, 책임과 진취, 적응성, 융통성, 리더십, 배려, 사회성, 분석적 사고, 신뢰성 등으로 나타났다. 그 조사에 따르면 미술치료사는 매우 어려운 상황에서도 공격적 행동을 보이지 않고 분노를 통제하며 심리적 평정을 유지할 수 있어야 한다. 어떤 문제에 대해 탐구하면서 심적으로 불안정한 사람을 대한다는 것은 생각보다 많은 스트레스를 준다. 때문에 어떠한 상황에서도 적절하게 대처할 수 있어야 한다. 믿을 만하고 맡은 책무를 완수할 수 있는 사람으로, 책임감을 갖고 진취적으로 도전하려는 자세, 변화와 다양성을 모색하는 자세도 미술치료사가 가져야 할 적성으로 보인다.

내담자를 리드하고 문제의 원인을 파악하기 위해 논리적으로 정보를 분석하는 것도 미술치료사가 갖춰야 할 능력이다. 문제를 해결할 수 있는 방향을 제시해주고, 타인의 욕구를 이해하고 도와주려는 마음이 있어야 한다. 또, 내담자를 비롯해 다른 치료사들과도 유대관계를 형성할 수 있는 사람이 미술치료사로 적합하다.

미술치료사에게 필요한 능력

미술치료사는 미술과 치료에 대한 지식을 갖추어야 한다. 그래서 미술치료사로 활동하는 사람들은 미술학과, 심리학과, 교육학과, 재활학과, 아동학과 등 다양한 전공을 하고 있다. 정해진 학력은 없지만 대학원 이상의 학력을 요구하는 곳이 많다.

최근에는 대학원에서 미술치료만을 전문적으로 교육하고 훈련하고 있다. 대학원에서는 심리치료, 집단미술치료,

가족미술치료 등의 교육 과정을 운영한다.

미술치료사는 이러한 미술과 치료에 대한 지식을 바탕으로 내담자의 미술 활동에서 나타나는 문제점들을 이해하고 분석할 수 있는 능력이 있어야 한다. 치료 과정에서 발생하는 일들을 꼼꼼하게 기록하고 정리할 수 있는 능력도 필요하다.

미술치료사의 도달 경로와 자격증

미술치료사는 요일이나 시간을 선택해서 일할 수 있다는 장점이 있다. 프리랜서나 파트타임으로 일하는 경우가 많아 각 회기별로 상담료를 지급받기 때문에 보수가 높지는 않지만, 시간을 자유롭게 쓰기를 원하는 사람에게 적절하다.

미술치료사로 일하기 위해서는 미술과 치료에 대한 지식이 있어야 한다. 미술학과, 심리학과, 교육학과, 재활학과, 아동학과 등 다양한 학과를 전공하고 취업할 수 있다. 미술치료사가 되기 위해 정해진 학력은 없지만 현장에서는 대학원 이상의 학력을 요구하는 일이 많아서, 관련 공부를 깊이 하고 학위를 받아두는 것이 좋다.

그림을 잘 그릴 필요는 없지만 미술에 대한 이해와 심리에 대한 전문 지식이 있어야 한다. 관련 협회에서 자격증을 취득할 수도 있는데, 국가공인자격증은 아직 없고 민간자격증만 있다. 민간자격증은 주관 기관에 따라 임상미술심리상담사, 임상미술심리전문상담사, 임상미술심리상담사, 미술심리상담사 등으로 다양하다.

미술치료사의 미래 전망

현재 미술치료사의 임금이 높은 편은 아니다. 어디에서 일하느냐에 따라 다르지만 대부분 계약직이고 파트타임으로 일하기 때문에 진행된 회기별로 상담료를 지급 받는다. 상담료는 프로그램 하나에 몇 명이 참가하는지, 치료 프로그램이 어떤 성격을 띠고 있는지에 따라 다르다. 치료 프로그램을 1인으로 진행할 경우에는 한 회기당 2~3만 원을 받고, 그룹 또는 특수 프로그램일 경우 10~30만 원을 받는다.

때문에 미술치료사를 직업으로 갖고자 한다면 처음부터 높은 수입을 기대하기보다는 자신의 미술적, 심리학적 흥미나 적성, 가치 등을 발휘하고 적용하는 단계로 생각하는 것이 좋다. 그렇게 해서 많은 경험을 쌓고 많은 사람들로부터 호응을 받으면 수입이 점점 높아진다. 현재는 상담 기관이나 복지 기관, 재활 기관, 정신병원, 학교, 소년원, 미술학원 등에서 일하는 경우가 대부분이다.

예전에는 미술치료의 영역이 정신병, 발달장애 등 언어

소통이 어려운 경우에만 사용되었지만 지금은 일반적인 부적응, 부모 교육, 자아 성장, 자신감 향상 등 일반인에게 확대되어 적용되고 있다. 대상 역시 아동에서 노인에 이르기까지 폭이 넓다. 최근 들어 주의력결핍, 소아우울증, 학습장애 등 어린이 대상 상담이 늘고 있는 추세다. 아울러 이제는 상담 기관에서 일하는 것보다 개인상담소를 열어 운영하는 경우가 많다.

미래 사회에서는 개인이나 집단이 심리상담사를 필요로 하는 경우가 더욱 많아질 것으로 전망되며, 사람들이 가지고 있는 미술에 대한 호감도가 높은 만큼 보다 유망한 직종으로 발전될 것으로 예상된다.

음악치료사

음악치료는 20세기 초 미국에서 성 토마스 길드가 정신병원 환자들을 대상으로 위문 차원으로 진행했던 '치료 음악회'에서 시작되었다. 이후 '음악 치료'라는 용어가 1950년 국립음악협회에서 공식 명칭으로 채택되었고, 하나의 치료 방법으로 인정받았다.

음악치료사는 음악을 활용해 정신적, 신체적으로 상처받은 이들을 치료한다. 최근 미술치료와 함께 특수 아동을 대상으로 치료하는 방법으로 활발히 이용되고 있다.

음악치료사가 되기 위해서는 어떤 자질을 갖춰야 하며, 어떤 방법으로 음악치료사가 될 수 있을까?

음악치료사가 하는 일

음악치료사는 음악을 매개로 개인이나 집단의 상처를 치료한다. 이때 정신과적 장애는 물론 신체적 아픔을 치유하기도 한다.

주로 정신과 전문의에게 우울증, 자폐증, 기타 정신적 발육부진 등의 진단을 받은 사람들을 대상으로 한다. 상담을 통해 내담자의 이상 상태를 파악하고, 진단 결과를 정리하여 당사자나 보호자에게 전달한다. 이때 환자의 특성에 따라 치료 시기, 방법, 기간, 횟수 등의 치료 계획을 세운다.

이후 음악적 방법을 활용하여 내담자를 치료한다. 내담자와 함께 피아노, 오르간, 북, 징, 꽹과리 등의 악기를 이용해 즉흥 연주나 작곡을 하면서 내담자가 음악적 표현을 할 수 있게 돕는다. 음악치료사는 내담자가 음악 연주를 하는 동안 나타나는 그의 상태를 진단하고 평가한다.

내담자의 치료상 개선 상황을 비디오 등의 각종 파일 형태로 지속적으로 관리하며 환자의 상태 변화를 주시하고 추가적인 치료 방안을 생각한다. 음악치료 방법을 개발하고 연구하며, 정신과 전문의와 더불어 음악치료와 관련된 임상사례를 연구해 학회 등에 발표하기도 한다.

음악치료사의 적성과 흥미

음악치료사는 타인에 대한 배려, 분석적 사고, 신뢰성, 자기통제, 적응성, 융통성, 인내, 독립성, 사회성 등의 성격을 가진 사람에게 적합하다. 다른 사람들의 욕구나 느낌에 민감하며 타인을 이해하고 도와주려는 성향에 맞다. 문제에 대한 답을 구하기 위한 논리적 사고와 자신이 맡은 책무를 완수하는 믿음직한 성격을 갖고 있다.

어떠한 상황에서도 공격적 행동을 보이지 않고 분노를 통제해야 하며, 심리적 평정을 유지한다. 장애물이 있어도 포기하지 않는 인내, 자신의 방식대로 일하는 방법을 개발하는 독립성도 이들의 성격이다. 일을 할 때 스스로 결정해야 하는 사항이 많기 때문에 이 같은 특성이 더 두드러진다.

음악치료사는 직업흥미유형 중에 사회형, 예술형, 탐구형에 속하는 직업이다. 때문에 다른 사람들을 훈련시키고, 발달시키고, 치료해주는 활동에 흥미가 있어야 한다. 자료를 체계적으로 정리하는 일에도 적성이 맞아야 한다.

예술적 형태를 창조해내는 신체적, 언어적 활동에 흥미가 있고, 자유롭고 체계화되지 않은 것들을 좋아해야 한다. 또한 사물, 사회, 사람에 대한 호기심이 많고 관찰하는 것을 즐기는 사람들이 이 일을 잘 해내는 것으로 알려져 있

다. 사람들에 대한 애정이 있어야 하며 적극적 대인관계를
맺는다면 일을 잘할 수 있다.

음악치료사가 가져야 할 가치관

가치관	설명
심신의 안녕	심신의 여유를 가질 수 있다.
이타	남을 위해 봉사할 수 있다.
다양성	업무가 정형화되지 않고 변화가 많다.
지적 추구	새로운 지식을 얻을 수 있다.
성취	자신이 스스로 목표를 세우고 달성할 수 있다.
타인에 대한 영향	타인에 대해 영향력을 발휘할 수 있다.

*출처: 워크넷(www.work.go.kr)

음악치료사에게 필요한 능력과 자격증

음악을 매개로 치료하면서도 심리학을 바탕으로 하기 때
문에 심리학과 음악적 지식이 모두 있어야 한다. 전공자나
전문 연주자처럼 악기를 잘 연주할 것까지는 없지만, 반드
시 치료에 활용할 수 있을 정도의 실력은 되어야 한다. 따
라서 기본적인 해당 악기와 음악의 기본 지식은 갖춰야 한
다. 음악치료사 중에는 음악을 전공하거나 오랜 연주 경험

으로 안정적인 연주 실력을 가진 사람들이 많다. 각 내담자에게 적절한 음악치료를 고르고 적용하기 위해서는 상담자 본인의 실력도 중요하게 작용되기 때문이다.

보통 사람보다 더 애정과 관심이 필요한 사람들을 대상으로 하기에 기본적으로 사람에 대한 따뜻한 마음이 있어야 한다. 외향적인 성격과 적극적인 대인관계 능력도 요구된다. 발달장애 등 장애가 있는 사람을 치료하는 경우도 있으니 그들에 대한 기본적인 이해와 이론적인 공부도 필요하다.

정해진 학력은 없지만 석사 과정에 음악치료전공이 있다. 사설 음악치료학원이나 개인 지도로 음악치료분야를 배울 수 있다. 그밖에도 대학의 사회교육원이나 평생교육원 등에도 음악치료과정이 개설되어 있다. 관련 전공으로는 사회복지학과, 실용음악과, 아동·청소년복지학과, 유아교육학과, 음악학과, 재활학과, 특수교육학과 등이 있다.

관련 자격으로 국가공인자격증은 없으며, 음악중재전문가, 음악심리상담사, 음악심리지도사 등 민간자격이 있다.

음악치료사가 갖추어야 할 지식

지식	설명
철학과 신학	생활에 영향을 미치는 다양한 철학과 종교에 관한 지식
사회와 인류	집단행동, 사회적 영향, 인류의 기원 및 이동, 인종·문화에 관한 지식
예술	음악, 무용, 미술, 드라마에 관한 지식
의료	질병이나 치아의 질환 여부를 진단하고 치료하는 것에 관한 지식
교육 및 훈련	사람을 가르치고 훈련시키는 데 필요한 방법 및 이론에 관한 지식
상담	개인의 신상 및 경력 혹은 정신적 어려움에 관한 상담을 하는 절차나 방법 혹은 원리에 관한 지식
심리	사람들의 행동, 성격, 흥미, 동기 등에 관한 지식
국어	맞춤법, 작문법, 문법에 관한 지식

*출처: 워크넷(www.work.go.kr)

음악치료사의 미래 전망

음악치료사의 임금은 개인의 경력과 능력, 근무 업체의 규모 등에 따라 큰 차이가 있지만 전반적으로 높은 편은 아니다. 예를 들어, 복지관에 근무할 경우, 한 아이를 한달간, 일주일에 1회씩 총 4회 치료하면 약 12~15만 원의 상담비를 받는다고 한다. 활동하는 곳이 개인이 운영하는 사설 센터일 경우 더 큰 차이가 날 수 있다.

그러나 직업만족도에 있어서 100점 기준 70점을 받아 만족도가 높게 나타났다. 직업만족도는 일자리 증가의 가능성, 발전 가능성, 고용 안정 등을 바탕으로 조사된다.

인터뷰! 미술치료사를 만나다

Q1. 안녕하세요? 미술치료사로서 어떤 일을 하고 계신지 구체적으로 소개해주세요.

A. 안녕하세요? 미술치료사 김○○입니다. 몸과 마음이 아픈 사람들을 대상으로 미술을 활용하여 상담하고 치료하는 일을 하고 있습니다. 미술치료가 단순히 미술을 이용해 사람의 마음을 진단하는 도구쯤으로 사용되던 때가 있었지만, 지금은 사람을 치유하는 의료 전문 영역의 한 분야로 당당하게 자리매김하고 있습니다.

저 역시 미술치료사로서 입지를 굳혀 현재 임상미술치료에 대한 강의를 하고 있습니다. 의과 대학에 개설된 석박사 과정인데, 이것만 보더라도 미술치료가 우리 사회에서 얼마나 인정받고 있는지 알 수 있을 거예요.

전에는 유럽과 같은 선진국에서만 의료보험 혜택이 있었다고 합니다. 하지만 지금은 우리나라에서도 미술치료에 의료보험 혜택을 받을 수 있어서 더욱 많은 사람들이 몸과 마음을 치유할 수 있게 되었습니다.

Q2. 미술치료사 일을 어떻게 시작하게 되었나요?

A. 저는 학창시절부터 그림 그리기를 무척 좋아했습니다. 화가나 웹툰 작가가 되고 싶었어요. 그리고 친구들의 고민을 상담해주는 일도 좋아했습니다. 글을 쓰는 일도 좋아했지요.

대학에서는 그림을 전공했는데, 그림을 통해 사람을 치유할 수 있도록 돕는 직업이 있다는 사실을 알게 되었습니다. 미술을 통해 다른 사람을 도울 수 있다는 사실이 무척 매력적으로 느껴졌어요. 그래서 미술치료를 전공으로 석박사 과정을 마치고 미술치료사의 길에 들어서게 되었습니다.

Q3. 미술치료사가 된 이후 어떤 일상을 살고 있나요?

A. 미술치료사는 생각보다 일이 많아요. 내담자를 만나고 상담하는 것뿐 아니라 보고서를 작성하고 연구하는 일도 해요. 그래서 저는 하루를 새벽 일찍 시작하는 편입니다.

새벽 다섯 시쯤 일어나 사무실에 출근합니다. 최근 사례를 연구하고, 보고서를 작성하기도 하고요. 오전에는 상담을 진행하고, 오후에는 대학이나 대학원에 수업을 나가고 있어요. 세미나나 자문, 회의 등의 일정도 있고요.

하루 일정은 굉장히 빽빽하지만 그만큼 보람이 있고 즐거운 하루하루를 보내고 있습니다.

Q4. 미술치료사로서 사람들을 치료하면서 언제 가장 보람이 있나요?

A. 물론 치료가 성공적으로 이루어졌을 때 가장 보람을 느낍니다.

한번은 부모의 이혼 이후 말을 하지 않게 된 초등학생을 만났어요. 2년 동안 미술치료를 받으면서 그림 그리기에 열중했고, 그림을 통해 마음을 여는 계기가 되었지요. 어느 날 그 아이가 처음 말문을 열었을 때 그 감동과 희열을 잊을 수가 없습니다. 미술치료를 통해 자기 존재감을 확인하고 마음을 치유한 거예요. 미술치료를 받는 동안 그린 그림들로 작품 전시회도 열었고, 미술을 전공으로 대학에 입학했습니다. 그 친구와는 아직도 연락을 하고 지내는데, 이럴 때 큰 보람을 느낍니다.

Q5. 미술치료사로서 힘들 때도 있나요?

A. 현재 미술치료가 몸과 마음을 치유할 수 있다는 사회적 인식이 커지고 있어요. 과거에 비해 학문으로서 입지도 단단해졌고요. 그래서 많은 분들이 미술치료를 통해 상담을 받으려고 하는데 그에 비해 전문적인 미술치료사의 수는 아직 적습니다. 미술뿐 아니라 심리에 대해서도 전문적인 지식이 있어야 하는데, 그 둘 모두를 공부해서 제대로 상담하는 것이 생각보다 어려워요. 그래서 요즘 일이 너무 많은 게 힘든 점이에요. 청소년들이 이 직업에 관심을 많이 가졌으면 좋겠어요. 훌륭한 미술치료사가 많아지는 것이 제 바람이거든요.

Q6. 미술치료사로서 가장 중요한 자질은 무엇일까요?

A. 미술치료사는 미술을 매개로 몸과 마음을 치유하는 활동을 합니다. 그렇기에 우선 미술을 좋아해야 하고요, 미술에 대한 지식과 소양이 있어야 합니다. 이러한 지식을 바탕으로 상담을 통해 심리를 치료하려면 심리학적 지식 역시 기본적인 소양이라고 할 수 있습니다.

또, 내담자를 상대하는 일은 인내력과 끈기를 필요로 합니다. 내담자를 이해하고 공감해야 하며 도우려는 마음이 있어야 해요.

내담자와의 원활한 의사소통, 경청하는 능력, 의견을 조리 있게 말하고 리드할 수 있는 능력도 필요합니다. 내담자가 그린 그림과 정보들로 문제의 원인을 파악하고 체계적인 치료 계획도 세울 수 있어야 합니다.

Q7. 훌륭한 미술치료사가 되기 위해 노력해야 할 부분이 있을까요?

A. 미술치료는 계속 진화할 것이고, 새로운 사례들을 통해 연구가 계속 진행될 것입니다. 과거에 배운 지식에 국한하지 않고 열린 마음으로 새로운 정보들을 배우고 알아나가야 합니다.

저는 세미나에 적극적으로 참석하고 있어요. 또 새 논문이나 책이 나오면 모두 읽고 제 상담에 적용해보려고 노력하고 있습니다. 제가 직접 치료한 내담자들의 사례도 체계적으로 정리하고 다른 치료사들과 공유합니다.

Q8. 미술치료사가 되고 싶은 청소년들에게 해주고 싶은 말이 있나요?

A. 미술치료사를 꿈꾸는 청소년 여러분, 정말 반갑습니다. 저와 같은 꿈을 꾸고 있다는 것만으로도 여러분이 가깝게 느껴지고, 여러분 모두가 궁금합니다. 미술을 통해 사람

들의 아픔을 치유하고 미술로 누군가를 돕고 싶다는 그 마음이 참 멋지다고 생각합니다.

미술치료사가 되고 싶다면 우선 책을 많이 읽어야 해요. 물론 그림에 대한 해박한 지식도 필요하지요. 평소 그림을 많이 그리고 감상하는 것이 도움이 됩니다. 예술적 감각이 무엇보다 중요하니까요.

미술치료사에게 가장 중요한 자질은 책임감과 끈기, 인내력입니다. 끈기와 인내로 다른 사람을 치유하는 일, 무척 보람 있는 일입니다. 미래의 미술치료사인 여러분의 앞날을 응원합니다.

3장
일상 속 심리전문가
마스터플랜

일상 속 심리전문가는
어떤 직업이지?

심리를 치유하는 다양한 방법 가운데 우리에게 친숙한 일상 속 활동을 활용해 심리적 안정을 돕는 사람들을 일상 속 심리전문가라고 한다.

일상 속 심리치료 활동에는 웃음, 원예, 놀이 등이 있다. 이러한 활동들은 우리가 살아가는 일상 속에 자연스럽게 녹아 있다. 그렇기 때문에 다른 치료보다 내담자들에게 거부감 없이 받아들여지고 있다.

일상 속 심리전문가는 내담자들이 친숙한 일상 활동을 통해 치유받을 수 있도록 돕는 역할을 한다. 그렇다면 일상 속 심리전문가 중에는 구체적으로 어떤 직업이 있을까? 그들은 어떤 일을 할까? 그리고 어떻게 그 일을 시작할 수 있을지 함께 알아보자.

일상 속 심리전문가가 하는 일

최근 심리치료전문가를 필요로 하는 사람들이 많아지면서 심리치료가 단순 상담만이 아닌 다양한 영역으로 확대되고 있다. 가장 대표적인 예로 일상 속 심리전문가를 들 수 있다.

일상 속 심리전문가는 일상에서 이뤄지는 다채로운 활동 가운데 하나를 심리치료의 기법으로 활용한다. 우선 상담과 전문가별 주요 분야의 활동을 통해 몸과 마음의 장애를 짚어낸다. 이후 심도 있는 상담과 활동을 통해 장애의 원인을 찾는다. 장애의 원인을 찾고 나면 어떤 방법으로 얼마 동안 치료할 것인지 구체적인 계획을 세운다.

심리치료전문가가 세운 계획은 내담자나 내담자의 보호자와 상담을 통해 다시 구체화된다. 이후 계획에 따라 치료가 이루어진다. 심리치료전문가는 내담자의 활동을 돕고, 심리치료활동을 통해 몸과 마음이 치유될 수 있도록 방향을 잡아 나아간다.

제대로 된 치료가 이뤄지기 위해서는 치료에 대한 기록을 꼼꼼하게 해야 한다. 기록을 토대로 치료가 잘 이루어지고 있는지, 앞으로 치료를 어떻게 해나가면 좋을지 알 수 있기 때문이다.

치료를 마치면 치료 사례를 기록하고, 각 분야별 전문가와 공유하고 공조하거나 더욱 깊이 있는 연구를 한다. 또한 다양한 사례를 찾아 끊임없이 연구하고 공부해야 한다.

일상 속 심리전문가의 종류 및 특징

우리 일상에서 몸과 마음을 치유할 수 있는 활동은 생각보다 많다. 일상 속 심리전문가는 매우 다양한 영역에서 활동한다. 대표적으로 웃음치료전문가, 원예치료사, 놀이치료사 등을 들 수 있다.

이름에서 알 수 있듯 웃음치료사는 웃음을, 원예치료사는 꽃과 화초를 키우는 일을, 놀이치료사는 놀이 활동을 통해 내담자가 장애를 치유하고 극복하도록 돕는다. 이 외에도 명상심리전문가, 스포츠심리상담사, 노인심리상담사 등 다양한 분야가 있다.

일상 속 심리전문가는 생활 속 익숙한 활동을 치료 방법으로 삼는 만큼 내담자가 갖는 거부감이 적다. 치료방법 자체가 내담자로 하여금 즐거움을 느끼게 한다는 것도 큰 장점이다.

특히 웃음, 원예, 놀이 등은 정신적인 장애를 치료한다는 인상을 적게 준다. 정신적 장애를 치료받는 일에 거부감이 큰 우리나라에서는 심리치료에 보다 쉽게 다가갈 수 있는 방편이기도 하다.

아울러 웃음이니 원예, 놀이 등 일상 수 활동들이 사람에게 미치는 긍정적 효과들은 이미 여러 연구결과를 통해 밝혀졌다.

일상 속 심리전문가의 요구 능력

일상 속 심리전문가는 심리학적 상담을 통해 마음을 치유하는 것이 주 업무이기 때문에 심리학적 지식을 반드시 갖추어야 한다. 하지만 심리학적 지식을 토대로 상담만 해서는 일상 속 심리전문가가 될 수 없다. 각 전문 분야에 적합한 지식과 흥미를 가져야 한다. 웃음이 어떤 것인지 과학적 효과와 방법을 알지 못하고서는 웃음치료사가 될 수 없고, 원예에 대한 조예가 깊지 않고서는 원예치료사가 될 수 없다.

사람의 마음을 보듬는 일이니만큼 사람에 대한 관심이 필수이다. 사람과 사물, 사회와 현상들에 호기심을 갖고 면밀히 관찰해야 한다. 관찰한 것들을 체계적으로 정리하고 논리적으로 풀어내는 능력도 필요하다.

특히 사람에 대한 애정이 중요하다. 다른 사람을 돕고 귀찮은 일도 기꺼이 책임감을 갖고 완수하는 것도 이들이 갖춰야 할 능력이다. 더구나 아동, 청소년, 가정, 노인 등 사회적 약자를 대상으로 할 경우에는 내담자에 대한 관심과 애정이 더욱 중요하다.

상담할 때에는 내담자의 말에 마음을 열고 경청하며, 그들의 아픔에 공감할 수 있어야 한다. 이러한 감정적인 활동 중에도 논리적으로 원인과 결과를 유추하며 자신의 생각을 조리 있게 말할 수 있어야 한다. 감성과 공감이 중요한 만큼 정확한 판단과 논리력, 그리고 차분함을 잃지 않는 태도, 이론과 연구를 바탕으로 하는 전문성이 두루 필요하다.

상담과 치료 내용을 정리해 기록하고 연구하는 일이 중요한 만큼 논리적으로 표현하는 능력도 요구된다.

웃음치료사

웃음치료는 웃음을 통해 사람의 마음을 치료하는 일을 말한다. 미국웃음치료협회(AATH, American Association for Therapeutic Humor)는 웃음치료를 "일상 속의 재미있는 경험, 표현들을 이용해 대상자의 건강과 안위를 증진시키는 활동"이라고 정의하고 있다. 억지로라도 소리 내어 많이 웃으면 몸과 마음이 건강해진다는 연구 결과도 많다.

웃음치료사는 웃음강사, 웃음전도사, 행복강사 등으로 불린다. 그렇다면 웃음치료는 어떻게 이루어지고, 웃음치료사가 되기 위해서는 어떻게 해야 할까?

웃음치료의 역사

웃음치료는 그 역사가 꽤 길다. 고대부터 사람들은 웃

음이 건강과 관련이 있다고 생각했다. 의사 밀레투스는 《인간의 특성》이라는 고대 의학책에 "웃음의 어원은 헬레(hele)이고 그 의미는 건강(health)이다."라고 적었다. 이후 웃음치료가 꾸준히 이어져 내려오고, 현대에도 다양한 연구와 검증을 통해 웃음과 건강이 어떻게 관련되어 있는지 밝혀내고 있다.

현대의학이 웃음의 생리적 효과를 밝혀낸 것은 완치율이 0.2퍼센트에 불과한 강직성척수염을 웃음요법으로 치료한 노먼 커즌스 박사의 《질병의 해부》라는 책을 통해서였다. 1968년에 나온 이 책은 발간이 되자마자 40주 연속 베스트셀러에 오르면서 큰 주목을 받았다. 이로 인해 의학계에서 웃음치료에 대한 관심을 갖게 되었다. 이후 미국 명문의과대학 교수들이 웃음의 효능에 대한 임상적 실험을 시작했다.

우리나라에 웃음치료가 처음 들어온 때는 1970년대다. 병원이나 복지시설에서 웃음치료 프로그램을 시작했고, 2004년에는 웃음치료사 자격증도 생겨났다. 이후 우울증이나 암 환자를 대상으로 웃음치료의 수요가 증가하면서 현재는 요양원, 산후조리원, 보건소, 복지시설 등에서도 웃음치료가 이뤄지고 있다. 회사나 단체에서도 혁신, 리더십, 기업 경영 차원으로 진행된다.

웃음치료사가 하는 일

웃음치료사는 웃음을 통해 사람들의 몸과 마음이 건강하고 즐거워지도록 돕는다. 웃음치료사가 하는 일은 구체적으로 다음과 같다.

① 취업, 스트레스, 대인관계로 인한 불안과 갈등을 겪는 사람들을 대상으로 웃음치료와 관련된 프로그램을 열어 진행한다.

② 강의, 특강을 진행하기 위한 자료를 수집하고 강의를 준비한다.

③ 다양한 방법으로 웃음을 유도한다.

④ 사람들이 웃음을 통해 자신감, 긍정적인 마음을 갖도록 돕는다.

⑤ 마음을 건강하고 즐겁게 만들며 더불어 몸이 건강해지도록 돕는다.

⑥ 웃음치료와 관련된 임상실험 결과나 효능 등을 연구한다.

웃음치료사는 슬픔, 불안, 우울, 열등, 좌절, 강박 등 부정적인 감정들을 웃음요법을 활용해 치유해준다. 웃음은 아픈 마음과 갈등을 적극적으로 치료한다. 사람과 사람 사이의 관계를 밝고 편안하게 만들어준다. 웃음을 통해 회사, 학교, 가정 등 다양한 인간관계 안에서 느끼는 불안과 갈등을 해소하는 것이다.

웃음치료사는 업무와 인간관계에 지친 직장인들에게는 즐겁게 일할 수 있는 동기를 찾아주고, 입시나 취업을 준비하고 있는 학생들에게는 자신감을 심어준다. 회사의 대표나 리더에게는 유머와 재치로 직원들을 편하게 대하는 법을 가르쳐주는 등 다양한 분야에서 활용되고 있다.

웃음치료사는 한곳에 머무르지 않고 돌아다니며 일한다. 전국 방방곡곡 찾아다니며 사람들을 만나는 직업이다. 물론 해외도 근무지가 될 수 있다.

웃음치료사의 적성과 흥미

웃음으로 마음과 몸을 치유하려면 웃음에 대한 기본적인 지식이 필요하다. 임상실험 결과나 효능에 대해 알아야 하므로 이에 흥미를 갖고 끊임없이 공부해야 한다. 또 순발력을 바탕으로 상황 판단을 빨리 하고, 조리 있는 말로 상대방에게 생각이나 의견을 정확히 전달할 줄 알아야 한다. 웃음치료를 효과적으로 하기 위해서 표현력이나 연기력도 필요하다. 악기 연주, 아트풍선, 마술 등의 기술에도 흥미를 갖고 배워두면 좋다.

웃음치료사가 웃음을 전하기 위해서는 치료를 받는 사람들보다 많이 웃어야 한다. 웃음치료사가 즐겁고 행복한 마음을 가져야 내담자를 상대할 수 있으므로 먼저 본인의 마음을 잘 관리해야 한다.

아울러 다른 사람들을 행복하고 즐거운 마음으로 이끌어줄 수 있는 리더십이 필요하다. 일상에서 어떤 마음을 가져야 하는지, 상황에 따라 어떤 마음가짐을 가질 수 있는지 알고 방향을 제시해야 한다.

다른 사람들과 함께하는 것을 좋아하는 사회성도 필요하다. 사람들과 스스럼없이 어울리고, 긍정적인 유대관계를 형성할 줄 알아야 한다. 다른 사람들과 즐겁고 행복한 관계를 유지하기 위한 협조적인 태도는 기본이다. 그저 어울리는 것만이 아닌 다른 사람들이 무엇을 원하는지 이해하고 도와주려는 마음도 중요하다.

웃음치료사는 변화를 적극적으로 받아들이고, 사람들의 다양한 성향과 사회관계의 여러 상황에도 개방적인 자세를 갖는 것이 좋다. 그러면서도 치료 방법을 적절히 활용해 자기만의 것을 개발하여 스스로 강의나 치료를 이끌어나갈 줄 알아야 한다.

하지만 항상 즐거운 마음으로 사람들을 대하며 행복한 모습만 보여주는 일은 생각보다 어려울 수 있다. 어떠한 상황에서도 분노를 다스리고 마음의 평정을 유지할 줄 안다면 적성에 맞을 것이다. 비판을 받아들이고 스트레스를 효과적으로 대처할 수 있는 능력도 필요하다.

웃음치료사에게 필요한 능력

필요 능력	설명
심신의 안녕	심신의 여유를 가질 수 있다.
이타	남을 위해 봉사할 수 있다.
다양성	업무가 정형화되지 않고 변화가 많다.
지적 추구	새로운 지식을 얻을 수 있다.
성취	자신이 스스로 목표를 세우고 달성할 수 있다.
타인에 대한 영향	타인에 대해 영향력을 발휘할 수 있다.

*출처: 워크넷(www.work.go.kr)

웃음치료사에게 필요한 능력과 자격증

웃음치료가 대중적으로 널리 알려지면서 전문 강사가 되기 위해 웃음치료를 배우는 사람들이 많아졌다. 다양한 분야의 강사나 사회복지사 등이 자신의 영역에서 활용하기 위해 따로 배우기도 한다. 내담자를 치료하기 위한 수단이라기보다는 기업에서 조직원들에게 동기를 부여하기 위한

편경영(Fun Management, 경영자가 재미와 유머를 통해 직원들의 창의력과 적극적인 참여를 유도하는 경영 방식) 등으로 활용되기도 한다. 최근에는 자기계발, 동기부여, 경영학, 성공학 등에 웃음을 필수요소로 여겨 접목하는 사례가 많다.

웃음치료사가 되기 위해 가져야 할 학력이나 전공은 따로 없다. 하지만 사회 다방면으로 다양한 지식이 있으면 좋고, 사람의 심리를 다루는 만큼 심리학에 대한 지식도 필요하다. 마음뿐 아니라 몸의 건강도 치유하는 데 쓰이기 때문에 건강에 대한 지식도 갖춰야 한다. 특히 내담자들이 주로 앓고 있는 질병에 대한 기본 지식을 알고 있어야 한다.

자격증으로는 민간자격증이 있다. 웃음치료사 민간자격증은 현재 60여 곳의 기관에서 발급하고 있다. 각 기관에서 웃음치료사 교육을 받고 발급받을 수 있는데, 기관에 따라 다르지만 1박 2일 과정부터 30주 이상(대학 평생교육원 경우) 과정까지 다양하다.

웃음치료사의 업무수행능력

업무수행 능력	설명
학습 전략	새로운 것을 배우거나 가르칠 때 적절한 방법을 활용한다.

가르치기	다른 사람들에게 일하는 방법에 대해 가르친다.
행동조정	다른 사람들의 행동에 맞추어 적절히 대응한다.
시력	먼 곳이나 가까운 것을 보기 위해 눈을 사용한다.
선택적 집중력	주의를 산만하게 하는 자극에도 불구하고 원하는 일에 집중한다.
듣고 이해하기	다른 사람들이 말하는 것을 집중해서 듣고 상대방이 말하려는 요점을 이해하거나 적절한 질문을 한다.
공간지각력	자신의 위치를 파악하거나 다른 대상들이 자신을 중심으로 어디에 있는지 안다.
범주화	기준이나 법칙을 정하고 그에 따라 사물이나 행위를 분류한다.
유연성 및 균형	신체의 균형을 유지하거나 각 부위를 구부리고 편다.
추리력	문제해결 및 의사결정을 위해 새로운 정보가 가지는 의미를 파악한다.
창의력	주어진 주제나 상황에 대하여 독특하고 기발한 아이디어를 산출한다.
논리적 분석	문제를 해결하기 위해(혹은 의사결정을 하기 위해) 체계적으로 이치에 맞는 생각을 해낸다.
청력	음의 고저와 크기의 차이를 구분한다.
문제해결	문제의 본질을 파악하여 해결방법을 찾고 이를 실행한다.
사람 파악	타인의 반응을 파악하고 왜 그렇게 행동하는지 이해한다.

*출처: 워크넷(www.work.go.kr)

웃음치료사의 도달 경로

웃음치료사가 되기 위해 필요한 학력이나 전공은 없다. 하지만 대중 앞에서 강의를 하고 프로그램을 진행해야 하는 만큼 실제 현장 경험을 쌓는 것이 중요하다. 현장 경험을 쌓기 위해서는 현장에서 어떻게 강의하고 프로그램을 진행하면 좋을지 늘 연구하면서 임해야 한다.

이러한 부분에 대해서는 교육기관에서 전문적인 교육을 받고 자격증을 발급받을 수 있다. '웃음치료사'라는 민간 자격증은 여러 기관에서 발급하고 있다. 웃음치료사 자격증과 함께 웃음코디네이터, 레크리에이션, 실버체육지도사 등도 웃음치료사가 되는 데 도움이 된다.

처음 교육 과정을 수료한 사람들은 대체적으로 현장 노하우를 쌓기 위해 노력한다. 전문 웃음치료사의 강의를 들으며 현장 경험을 쌓고 나면, 자원봉사를 시작으로 자신을 알리기 시작한다. 인터넷 홈페이지, 카페, 블로그 등을 통해 자신을 홍보하기도 한다.

웃음치료사는 기관에 소속되기보다는 개인 사업 형태로 운영되고 있다. 그렇기 때문에 웃음치료사는 스스로 강의나 치료 프로그램을 개발하고 홍보하는 데 투자하면서 자신의 능력을 발휘해야 한다.

웃음치료사의 미래 전망

웃음치료사로 일하고 있는 사람들의 수는 정확히 알 수 없지만, 현재까지 웃음치료사 자격증을 취득한 사람은 1만 명이 조금 넘는다. 이 가운데 현장에서 강의하고 있는 웃음치료사는 1,000명이 넘지 않는 것으로 추정된다.

현재는 주로 요양원, 노인복지관, 장애인복지관, 특수학교, 의료기관, 회사 등에서 일하거나, 교육기관 강사로 활동하기도 한다. 사실상 기관이나 회사에 고용되어 일하는 경우는 거의 없으며, 대부분 프리랜서나 개인 사업자로 일하고 있다. 사회복지사, 간호사, 성직자, 교사, 기업 강사, 서비스 강사 등이 자기 분야에서 활용하기 위해 웃음치료사 자격증을 취득하는 경우도 많다.

현재 웃음치료사는 강의 수준이나 강의의 결과물, 웃음치료사의 학력이나 경력에 따라 수입이 달라진다. 취업을 하더라도 일하는 곳과 근무 시간 등에 따라 임금이 다르며, 사회복지관에서 정규직으로 일할 경우 월 120~150만 원 정도를 받는다. 한 조사 자료에 따르면, 평균 연봉은 3,000만 원으로 조사되었다.

현재는 물론이고 미래로 갈수록 사람들은 마음을 의지하고 치유할 곳을 꾸준히 찾을 것이다. 이에 웃음을 통해 마음을 치유하는 일, 관계를 맺는 데 긍정적인 방법을 제시하는 일, 회사나 학교 등 조직에서 웃음 가득한 생활을 할 수 있는 방법을 안내하는 일은 무엇보다 중요하다. 웃음치료사에 대한 사회적 인식이 달라지고 일자리가 점점 늘어나고 있는 만큼 미래 사회에서 웃음치료사의 위치가 더욱 확고해지리라 기대해본다.

원예치료사

원예는 채소, 과일, 화초 등을 심고 가꾸는 일이나 기술을 일컫는다. 원예가 심리치료로 활용되었다는 것은 고대 이집트에서 발견된 "환자를 정원에서 산책하게 하였다"는 기록에서 찾아볼 수 있다.

원예치료란 다양한 원예활동을 통하여 사회적, 교육적, 심리적 혹은 신체적 적응력을 기르고 이로 말미암아 육체적 재활과 정신적 회복을 추구하는 전반적인 활동을 말한다.

현대 원예치료는 미국에서 시작되었다. 1789년 벤자민 러시 교수는 정신병 환자 중에서 들에서 일하는 환자는 병세가 낫고 있다는 사실을 발견했다. 이후 흙을 만지며 농사를 짓는 일에 치료 효과가 있다고 발표했다.

그렇다면 원예치료는 어떻게 이뤄지며, 원예치료사는 어

떻게 하면 될 수 있을지, 그리고 이 직업의 미래 전망에 대해서도 알아보자.

원예치료사가 하는 일

원예치료사는 복지원예사라고도 한다. 원예치료사는 내담자의 질병이나 장애를 파악하고, 치료 목표를 설정한다. 이때 의도적으로 달성할 수 있는 목표를 정하게 되는데, 다양한 프로그램을 통해 치료 목표를 달성하면서 대상자의 몸과 마음을 회복하고 재활을 추구하도록 한다.

원예치료사는 내담자에게 먼저 심리 검사와 원예치료 관련 검사를 한다. 이 과정에서 내담자를 자세히 관찰한다. 검사와 관찰 결과를 내담자나 보호자와 상담하며 치료 방법을 선택한다.

원예치료활동에는 정원 가꾸기, 식물 재배하기, 꽃을 이용한 작품 활동 등이 있다. 이러한 활동을 통해 내담자는 운동 능력이 향상되고 성취감과 자신감이 커진다. 자신이 키우는 꽃과 식물의 향기를 맡는 것만으로 정신적인 안정을 얻는다. 손놀림이 부족하거나 자아존중감이 없던 내담자들이 원예치료를 통해서 손의 활동이 좋아지기도 하고, 사람들과 잘 어울리고 집중력도 좋아진다. 이밖에 원예작물을 키우는 기술을 배우는 것은 직업을 얻는 데 도움이 되기도 한다.

원예치료는 일주일에 2~3회 정도 이뤄진다. 원예치료사는 매일 내담자의 치료 활동에 대한 치료일지를 쓴다. 치료일지 기록은 매우 중요한데, 치료일지를 쓰면서 내담자의 장애나 질환이 어느 정도 나아지고 있는지 살펴볼 수 있고, 치료 활동의 적합성을 평가할 수 있다.

원예치료사의 적성과 흥미

원예치료사는 원예 활동을 통해 몸과 마음을 치료해주는 사람이니만큼, 무엇보다 원예에 대한 관심이 크고 조예가 깊어야 한다. 또, 사람들의 특수한 상황에 관심을 갖고 이를 도우려는 마음이 있어야 한다.

내담자가 원예활동을 할 때 이를 이해하고 분석할 수 있는 능력도 필요하다. 이를 위해서는 사람과 사건, 사물에 대해 원인과 결과를 유추하는 데 재미를 느끼면 좋다.

치료 과정을 기록하고 정리해야 하기 때문에 글을 쓰고 이야기를 정리하는 일에 거부감이 없어야 한다. 이렇게 정리한 일지나 보고서는 내담자의 현재 상태와 치료의 적절성 등을 점검하는 데 매우 중요하게 작용하기 때문이다. 원예치료사가 작성한 치료 자료는 내담자의 다음 치료에서 유용하게 사용할 수 있다. 또, 다른 치료진들과의 협의를 위한 자료로도 활용된다.

원예치료사는 다른 심리치료사들처럼 자신의 화나 분노를 통제하고 심리적 평정심을 잘 유지해야 한다. 심리적으로 불안정한 사람을 대하는 일은 무척 힘들기 때문에 치료사 본인의 마음을 잘 다스리는 것이 최우선이다. 책임감을 갖고 진취적으로 도전하는 자세, 변화와 다양성을 모색하는 태도도 원예치료사가 가져야 할 적성이다.

내담자를 리드하고 문제의 원인을 파악하기 위해 논리적으로 정보를 분석하는 데에도 적성을 보여야 한다. 문제를 해결할 수 있는 방향을 제시하며, 타인의 욕구를 이해하고 도와주려는 마음이 있어야 한다. 또, 내담자를 비롯해 다른 치료사들과도 유대관계를 잘 형성할 수 있는 사람이 원예치료사로 적합하다.

원예치료사에게 필요한 능력 및 도달 경로

원예치료사가 되기 위해 꼭 필요한 학력은 없다. 꽃과 식물에 관심이 있고 이를 통한 원예치료에 관심이 있다면 원예치료사가 될 수 있다. 다만 현재 일하고 있는 원예치료사의 경우 대부분 전문대 이상의 학력을 갖추고 있다. 보통은 기관에서 전문대 이상의 학력을 요구하기도 한다.

전공은 원예학을 공부하는 경우가 많고, 이와 함께 정신의학, 상담심리학, 재활의학, 사회복지학, 간호학 등 다양한 분야를 공부하고 있다. 이러한 분야들을 이해하고 치료에 적용할 수 있는 능력이 있어야 한다.

따라서 학부 과정에서 원예학을 전공한 사람들은 대학원 과정에서 상담심리학, 정신의학 등을 공부하고, 반면 상담심리학이나 재활의학을 공부한 사람들은 대학원 과정에서 원예학을 중점으로 공부한다. 최근에는 사회복지사 등 타인을 돌보는 직종의 사람들이 본인이 담당하고 있는 치료 업무를 위해서 원예치료를 배우기도 한다.

원예치료사가 되기 위해 체계적인 교육을 받고 싶다면 대학원에서 원예치료를 전공하거나 대학에서 사회교육원 과정을 교육받을 수 있다. 또는 평생교육원에서 제공하는 원예치료사 과정도 원예치료사가 되기 위한 과정이다.

원예치료사가 되기 위해서는 다양한 학문적인 지식도 중요하지만 다른 사람을 이해하고 사랑할 수 있는 마음가짐이 더욱 중요하다. 식물에 관한 관심과 애정은 기본이다.

원예치료사에 대한 국가공인자격증은 없지만, 한국원예치료협회, 한국원예치료연구센터 등에서 민간자격증을 발급하고 있다.

원예치료사의 미래 전망

현재 원예치료사는 사회복지시설, 직업재활원, 병원의 정신과, 병원의 재활의학과, 보건소, 정신보건센터, 복지관, 주간보호센터, 요양원, 일반학교, 특수학교, 농업기술센터, 교정기관 등에서 일하고 있다. 또는 개인이 원예치료연구소를 열고 개인 사업자로 일할 수도 있다. 또 파트타임 형태의 프리랜서나 봉사 활동으로 원예치료를 하는 사람들이 많다.

원예치료사가 받는 임금은 어느 기관에서 일하느냐에 따라 다르다. 개인적으로 연구소를 개업하여 원예치료를 하는 경우 치료 1회당 몇 만 원 정도의 보수를 받는다.

점차 심리치료에 대한 사회적 요구가 늘고 있고, 원예에 대한 관심도 높아지고 있다. 미래 사회에는 사람의 마음을 보듬어주고 이야기를 들어주며 마음에 엉킨 실마리를 찾아줄 전문가가 필요하다. 삭막해져 가는 자연환경과 도심에서 원예는 점점 주목을 받고 있는 분야이다. 원예를 통해 심리적 안정을 찾고 마음을 치유하도록 도와주는 원예치료사가 중요해지는 이유이다.

놀이치료사

심리를 놀이를 통해 치유할 수 있다는 점은 특히 아동에게 매력적인 치료 방법이다. 보호자 입장에서도 아동의 스트레스를 덜어주고 손쉽게 다가갈 수 있는 치료 방법이다.

놀이를 통해 아동의 심리를 치료하는 방법을 놀이치료라고 한다. 현대에 들어 심리치료의 영역이 다양해지고 넓어지면서 놀이를 치료로 활용하게 되었다. 놀이치료는 놀이를 통해 내담자가 감정과 내면을 표현하고, 사회적 역할을 익힐 수 있도록 돕는다.

놀이는 우리가 만나는 사회와 관계의 축소판이다. 그러므로 여러 심리적 문제와 갈등을 해결하는 연습을 하는 데 도움을 준다. 그러므로 놀이 활동은 아동이 심리적 벽을 허물고 사회로 발걸음을 디디는 데 최적의 치료 방법이다. 스스로 자신의 마음을 놀아보고 사회적 역할과 책임을 익히면서 자연스럽게 성장하도록 한다.

놀이치료사는 구체적으로 어떤 일을 하며, 어떻게 하면 그 직업을 가질 수 있을까?

놀이치료사가 하는 일

놀이치료는 주로 아동을 대상으로, 그들의 심리적 장애를 치료한다. 놀이 활동을 통해 아동의 부적응이나 발달상의 문제 원인을 찾고 진단하며 치료한다.

이를 위해 놀이치료사는 아동이나 보호자와 상담하여 아동의 개인 발달 사항, 가족관계, 학습활동 등을 조사하고 기록한다. 이때 각종 검사를 실시하여 심리적 문제의 유형 및 정도를 판별하게 된다.

의료진단서, 검사결과지, 상담기록지 등의 자료를 토대로 아동의 상태를 진단한 뒤에는 놀이기구를 설치한 놀이방에서 아동이 선택한 기구로 놀이를 진행한다. 놀이 활동을 할 때에는 사회관계 형성·유지에 필요한 능력을 진단하거나 이를 증진시키기 위해서 집단적 치료활동을 수행한다.

놀이치료가 끝나면 아동과 보호자를 상대로 지도활동을 하는 것도 놀이치료사의 일이다. 이후에는 결과보고서를 작성한다. 결과보고서를 통해 아동의 상태 변화를 확인하며, 이후 놀이치료의 방향을 어떻게 세울 것인지 계획한다.

놀이치료사는 교육기관, 의료기관, 아동상담센터 등의 자문역할을 수행하기도 한다. 적절한 치료를 위해 놀이기구에 대한 정보를 끊임없이 수집하고 구매하는 것도 중요하다.

놀이치료사의 업무 환경

업무 환경	설명
의사결정 권한	업무 수행을 위해 (작업방식 등) 업무 관련 사항을 스스로 결정하는 빈도
업무 미래	업무가 앞으로 5년 후 어느 정도 존재할 것인지에 대한 예상
다른 사람과의 접촉	다른 사람과 전화, 대면, 전자메일 등으로 접촉하는 빈도
외부 고객 대하기	외부 고객 혹은 민원인을 대하는 것의 중요성
신체적으로 공격적인 사람 대하기	폭력적이거나 혹은 신체적으로 공격적인 사람을 대하는 빈도
앉아서 근무	앉아서 근무하는 빈도
정신적 부담	무리가 될 정도로 정신을 집중하며 근무하는 빈도
실내 근무	실내에서 근무하는 빈도

*출처: 워크넷(www.work.go.kr)

놀이치료사의 적성과 흥미

놀이치료사는 기본적으로 아이들을 좋아하고 사랑하는 마음이 있어야 한다. 아이들을 잘 이해하고 따뜻한 눈으로 볼 수 있어야 한다.

아이들을 돕고 싶은 마음과 아이들과 함께할 때 즐거운 마음이 있다면 놀이치료사와 잘 맞는 적성이다. 아무리 치료사로서의 능력이 뛰어나도 대상 연령에 대한 기본적인 관심과 애정이 없을 때 하기 어려운 일이 상담 직업이다. 또한 어떤 일이 있어도 포기하지 않고 참고 견뎌낼 수 있는 인내력과 다른 사람들의 욕구를 민감하게 느끼고 이해하고 도와주려는 마음이 중요하다.

솔직하고 도덕적이며 믿음직한 성격은 놀이치료사로서의 덕목 중 하나이다. 도전적인 목표를 가지고 책임을 기꺼이 받아들이고 차근차근 계획을 세워 해낼 수 있다면, 아동의 치료를 잘 도울 수 있다. 이때 아동과 보호자를 잘 리드할 수 있는 리더십도 필요하다.

물론 막무가내로 치료를 진행할 수는 없으므로 문제의 원인을 찾는 추리력, 내담자와 특정 상황을 면밀히 관찰할 수 있는 관찰력이 필요하다.

놀이치료사의 능력 및 도달 경로

현재 놀이치료사는 의료기관, 아동상담센터, 복지관 등에서 일하고 있다. 이들 대부분 심리학, 아동학, 사회복지학을 전공했고, 석사 이상의 학력을 갖고 있다. 기관에서 석사 이상의 학력을 요구하는 경우가 많다. 또한 현재 활동하고 있는 대부분의 놀이치료사는 관련 협회의 자격증을 취득했거나 교육 과정을 이수한 상태라고 보면 된다.

놀이치료의 대상이 아동이니만큼 놀이치료사는 무엇보다도 아동과 인간에 대한 깊은 이해와 사랑의 마음이 있어야 한다. 특히 심리적으로 문제가 있는 아동들의 행동을 잘 이해하고 그들의 마음을 알고 대처하는 데 능숙해야 한다. 따라서 아동의 발달, 놀이, 병리, 상담 등에 대한 폭넓은 이해와 다양한 놀이치료 방법에 대한 지식이 필요하다.

그리고 침착하고 단정한 태도, 대인관계에서 원만한 성격, 인내심, 포용력 등을 갖추어야 한다. 관계를 통해 마음을 치료해야 하므로 인격적 성숙이 매우 중요하다.

놀이치료사에게는 다양한 지식이 필요한데, 철학과 신학, 심리, 상담, 사회와 인류, 교육 및 훈련, 의료 등의 지식을 갖고 있어야 한다. 생활에 영향을 미치는 다양한 철학과 종교에 관한 지식이 있어야 하고, 사람들의 행동, 성격, 흥미, 동기 등에 관한 지식도 필요하다. 상담의 절차나 방법 및 원리에 대해서도 잘 알고 있어야 한다. 사람을 가르치고 훈련시키는 데 필요한 방법이나 이론도 알고 있어야 하며, 질병 여부를 진단하고 치료하기 위한 지식도 필요하다.

놀이치료사에게 필요한 능력

필요 능력	설명
공간지각력	자신의 위치를 파악하거나 다른 대상들이 자신을 중심으로 어디에 있는지 안다.
가르치기	다른 사람들에게 일하는 방법에 대해 가르친다.
시력	먼 곳이나 가까운 것을 보기 위해 눈을 사용한다.
선택적 집중력	주의를 산만하게 하는 자극에도 불구하고 원하는 일에 집중한다.
유연성 및 균형	신체의 균형을 유지하거나 각 부위를 구부리고 편다.
판단과 의사결정	이득과 손실을 평가해서 결정을 내린다.
행동 조정	다른 사람들의 행동에 맞추어 적절히 대응한다.
신체적 강인성	물건을 들어 올리고, 밀고, 당기고, 운반하기 위해 힘을 사용한다.
반응시간과 속도	신호에 빠르게 반응하거나 신체를 신속히 움직인다.
학습 전략	새로운 것을 배우거나 가르칠 때 적절한 방법을 활용한다.

창의력	주어진 주제나 상황에 대하여 독특하고 기발한 아이디어를 산출한다.
추리력	문제해결 및 의사결정을 위해 새로운 정보가 가지는 의미를 파악한다.
청력	음의 고저와 크기의 차이를 구분한다.
범주화	기준이나 법칙을 정하고 그에 따라 사물이나 행위를 분류한다.
움직임 통제	신체를 사용하여 기계나 기구를 정확한 위치로 빠르게 움직인다.
기억력	단어, 수, 그림 그리고 철자와 같은 정보를 기억한다.
글쓰기	글을 통해서 다른 사람과 효과적으로 의사소통한다.
듣고 이해하기	다른 사람들이 말하는 것을 집중해서 듣고 상대방이 말하려는 요점을 이해하거나 적절한 질문을 한다.
읽고 이해하기	업무와 관련된 문서를 읽고 이해한다.
논리적 분석	문제를 해결하기 위해(혹은 의사결정을 하기 위해) 체계적으로 이치에 맞는 생각을 해낸다.

*출처: 워크넷(www.work.go.kr)

놀이치료사의 미래 전망

현대에 들어 아동 인권에 대한 인식이 달라지면서 아동은 보호받고 사랑받아야 할 존재로 인식되고 있다. 날이 갈수록 부모들은 자녀를 잘 키워야 한다는 생각을 더욱 강력하게 하고 있으며, 양육 방식에 있어서도 강압적이거나 가부장적인 방법 대신 따뜻하게 사랑을 많이 주며 부드럽게 키워야 한다고 여긴다.

아동기에 상처를 받지 않고 사랑을 듬뿍 받으며 성숙한 사람으로 자라날 수 있도록 해야 한다는 양육에 대한 관심이 커지면서 놀이치료에 대한 관심도 함께 높아지고 있다. 불안한 아동의 심리나 사회에서의 역할 역시 놀이를 통해 안정을 찾고 배워나갈 수 있도록 해야 한다는 것이다.

이러한 생각들은 미래 사회로 나아갈수록 더욱 견고해질 것이다. 어른은 아이를 잘 키우고, 그들의 마음을 읽고 부드럽게 리드할 수 있어야 한다. 이때 사회적 상황에 적응이 어렵거나 마음이 아픈 아이들은 전문가의 도움이 필요하다. 이때 필요한 사람이 바로 놀이치료사이다.

레드 썬! 최면은 진짜일까?

우리는 가끔 텔레비전에서 최면 전문가인 최면술사를 보게 된다. 쇼 프로그램에서 재미를 위해 출연하기도 하고, 드라마나 영화에서 중요한 단서를 찾기 위해 등장하기도 한다.

최면 전문가가 사람을 최면에 빠뜨리는 방법은 겉으로 보기에 간단하다. 우선 편안하게 눕히고 눈을 감게 한다. 그리고 마법의 주문 "레드 썬!"을 외친다. 그러면 놀랍게도 사람들은 최면에 빠지고, 평소 자신이 알지 못하던 일이나 기억하지 못하던 순간들을 기억해낸다.

최면에 걸리는 장면을 보면 신기하고 놀라울 따름이다. 그런데 최면은 어떻게 걸리는 것일까? 과학적이기는 한 것인지 궁금하지 않을 수 없다. 최면은 어떻게 생겨났으며, 어떤 방법이 사용되는지 알아보자.

정신분석학과 최면

최면에 대해 궁금하다면 먼저 정신분석학에 대해 조금 알아야 한다. 현재 이뤄지고 있는 심리치료들은 정신분석학이라는 학문을 기초로 한다. 프로이트가 창시한 정신분석학은 사람의 마음이 어떻게 이뤄지고 움직이는지 연구하는 학문이다.

프로이트는 사람의 마음이 의식과 무의식으로 이뤄져 있다고 보았다. 의식은 생각과 마음에 있어서 우리가 느끼고 생각하며 알고 있는 부분을 말한다. 그렇다면 무의식은 무엇일까? 무의식은 생각과 마음에 있어 우리가 미처 알지 못하는 부분이다.

우리 자신의 생각과 마음 안에 우리가 알지 못하는 부분이 있다고? 그렇다! 프로이트는 마음의 약 90퍼센트 정도는 의식이 아닌 무의식으로 이뤄져 있다고 했다. 우리가 알지 못하는 이 무의식이 사실상 우리의 몸과 마음을 지배한다는 뜻이다.

최면은 바로 의식 저 밑에 있는 또 다른 세계인 '무의식'을 끌어내는 행위이다.

최면은 과학이다

최면이 "레드 썬!"이라는 이 한 마디로 가능하다고 생각했다면 오산이다. 최면에는 법칙과 원리가 있다. 때문에 최면이 못 미더워 반복해서 걸어본다면 깜짝 놀랄 것이다. 반복해서 걸어봐도 최면의 결과가 항상 같게 나올 것이기 때문이다.

최면의 법칙은 일반적인 심리학의 원리나 법칙과 같다. 그런데 심리학은 위에 설명했듯 정신분석학을 기초로 한 학문이자 과학이다. 따라서 최면은 학문과 과학의 영역에 속하는 분야이다. 1970년 세계보건기구(WHO)에서 과학으로써 인정받았다.

최면 치료

최면은 우리가 알아차리지 못하는 무의식의 세계로 들어가는 일이다. 우리가 미처 기억해내지 못하는 무의식 속에서 문제의 원인을 찾아내고 치료할 수 있다. 최면 치료는 평소 원인을 알 수 없는 무기력증, 불안, 우울감 등을 느끼는 환자의 무의식 속에 잠재되어 있는 상처나 잘못된 기억에서 벗어날 수 있도록 해준다.

최면은 마음과 몸이 하나로 연결돼 있다는 생각에 기초해 있다. 사람들의 몸을 치료하기 위해서는 무의식 속에 자리 잡은 마음의 병을 치료해야 한다. 마음이 건강해지면 몸도 건강해질 수 한다. 그래서 최면은 몸을 치료하기 위해서도 활용되기도 한다.

최면 치료는 무의식과 '대화'를 하는 과정이다. 과거의 안 좋은 기억에 대해 '괜찮다'고 암시를 걸어주는 '암시치료'와 과거의 안 좋은 기억을 좋은 기억으로 바꾸는 '편집치료' 등이 있다.

단, 사람의 기억이나 마음을 다루는 일이기 때문에 깊이 있는 공부와 전문적인 지식 없이 최면을 사용해서는 안 된다.

4장
심리전문요원
마스터플랜

심리전문요원은
어떤 직업이지?

심리전문요원은 일반 심리상담사와 하는 일이 조금 다르다. 일반 심리상담사가 몸과 마음을 치유하기 위해 특정 매개체를 활용해 치료한다면, 심리전문요원은 특정 상황이나 목적이 있는 사람을 대상으로 심리상담을 한다.

이를테면, 미술심리상담사는 미술 활동을 통해 마음을 치료하고 음악치료사는 음악 활동을 통해 상담과 치료를 한다. 하지만 심리전문요원은 강력범죄 피해자의 마음의 상처를 치료하기 위해 심리상담을 하거나, 운동선수의 운동 성과를 끌어내기 위해 심리상담을 한다.

심리전문요원에는 어떤 종류의 심리전문가가 있으며, 구체적으로 무슨 일을 하는지 함께 살펴보자.

심리전문요원이 하는 일

심리전문요원은 일반 심리상담사들처럼 내담자가 가진 마음의 상처를 치유하는 일을 한다. 하지만 심리전문요원의 상담은 전문적이고 특정한 목적이 있다. 강력범죄 피해자의 다친 마음을 치료하는 데 목적을 두거나, 운동 선수에게 강한 동기를 심어주고 자신감을 북돋아 좋은 성과를 내도록 하는 등의 목적이다.

물론 기본적으로 심리상담사이기 때문에 심리상담을 주된 업무로 한다. 내담자와 깊이 있는 상담을 통해 문제의 원인을 짚어내고 해결 방법을 찾는다. 치료 방법을 계획하고 치료를 진행하면서, 피해자가 범죄 상처에서 벗어나도록 돕거나 스포츠 선수가 좋은 결과를 낼 수 있도록 돕는 등의 목적 달성을 위해 노력한다.

진행 과정을 꼼꼼하게 기록하면서 점검하고 연구하며, 효과적인 치료 방법을 개발하는 것도 심리전문요원의 역할이다. 그래서 그들은 계속해서 관련 사례와 연구 결과를 공부하고 탐구한다. 후배 양성을 위해 학교나 기관에서 강의를 하기도 한다. 연구 결과를 서로 나누는 세미나에 참석하고, 더 나은 방향을 위해 노력하는 것도 이들의 업무이다.

심리전문요원의 직업적 특징

심리전문요원은 특별한 목적을 달성하기 위해 심리상담을 하는 만큼, 내담자와 함께 공동의 목적을 설정해야 한다. 그들은 늘 내담자의 성장을 위해 함께 달린다. 내담자를 성장시키는 데 온 힘을 다하는 열정적인 직업이다. 그렇기 때문에 내담자가 목적을 이루었을 때 누구보다 큰 성취감을 느낀다.

심리전문요원은 내담자가 특정 목적을 이루도록 도와야 하기 때문에 각 분야에 대한 지식이 탁월해야 한다. 내담자를 특정 목적으로 인도하는 중요한 역할을 맡고 있기 때문에 책임감을 가지고 이를 수행해야 한다. 내담자를 정확히 목표한 곳으로 인도했을 때 거기에서 보람을 크게 느끼는 직업이기도 하다.

심리전문요원은 상담사이지만 사무실에 편하게 앉아 일하는 직업은 아니다. 그러므로 현장에서 치열하게 일하고 열정적으로 헌신할 준비가 되어 있는 사람에게 어울리는 직업이다.

심리전문요원의 요구 능력

심리전문요원은 심리상담사이기 때문에 심리학적 지식을 갖춰야 하고 이를 토대로 상담을 할 수 있어야 한다. 개인적인 감정을 앞세우지 않고 학문적으로 탐구하고 치료 계획을 세워야 한다.

또한 내담자들이 특별한 상황에 있는 만큼 배려심과 인내를 가지고 대해야 한다. 내담자를 따뜻한 마음으로 바라볼 수 있어야 하고, 그들이 진심으로 행복해지기를 바라는 이타적인 마음도 필요하다.

치료를 원하는 방향으로 이끌어갈 수 있는 리더십과 목표를 완수하기 위한 책임감도 심리전문요원이 되기 위해 필요한 능력이다. 내가 아닌 다른 누군가를 위해 헌신하는 일, 그 안에서 기쁨과 보람을 느끼는 직업이 심리전문요원이다.

피해자심리전문요원

피해자심리전문요원은 케어(CARE)팀이라고도 부른다. 케어(CARE)는 크라이시스 인터벤션(Crisis-intervention), 어시스턴스(Assistance), 리스폰스(REsponse)를 뜻한다.

피해자심리전문요원은 범죄가 발생했을 때 위기 상황에 개입해 도움을 주는 사람이다. 심리상담사이자 경찰관으로 일한다. 범죄 피해자를 만나서 범죄로 인해 그들이 겪은 심리적인 충격을 줄여주는 일을 한다. 또한 피해자에게 수사 과정을 설명하여 상황에 대한 이해를 돕는 일을 하기도 한다. 이는 그들이 심리학자이면서 경찰 신분이기에 가능한 일이다. 또한 피해자가 가장 심한 위기 상황에 처했을 때 만나서 도움을 주기 때문에 상담 효과가 매우 크다고 할 수 있다.

피해자심리전문요원이 되는 방법은 무엇일까? 자, 이제 매력 있는 피해자심리전문요원의 세계로 들어가보자.

피해자심리전문요원이 하는 일

피해자심리전문요원의 주요 업무는 강력범죄사건 피해자의 심리적 안정을 돕는 일이다. 살인, 강도, 인질, 성폭력, 가정폭력, 학교폭력 등 강력사건이 발생했다고 가정해보자. 이때 담당형사는 피해자의 상태를 살펴 지원이 필요하다고 판단되면 각 지방경찰청 소속의 피해자심리전문요원 팀에 지원을 요청한다. 그러면 전문심리학자팀인 피해자심리전문요원이 현장에 출동한다.

피해자심리전문요원은 피해자가 심리적 안정을 취하도록 돕는다. 피해자에게 안정을 주고 세밀한 면담을 하며 치료 여부를 결정한다. 치료가 필요한 경우 세밀한 치료 계획을 세워 치료 활동을 진행한다.

피해자심리전문요원은 경찰 신분이지만 임상심리 혹은 상담심리학의 전문가이다. 이들은 심리학적 학문 배경을 바탕으로 위기 상태의 피해자들에게 상담을 통해 심리적 지원을 한다.

피해자심리전문요원에게 어려운 점

최근 영화에서 피해자심리전문요원이 종종 등장하여 익숙할지 모르지만, 사실 우리나라에서 새로 생긴 직업이다. 해외에도 비슷한 직업이 있는데, 경찰관이라는 신분으로 피해자의 심리지원을 해주는 경우는 드물다. 우리나라 피해자심리전문요원만이 할 수 있는 일이기도 하지만, 이는 그만큼 여러 어려움이 있다는 뜻이기도 하다.

과거에 비해 나아지고 있는 실정이지만 우리나라는 아직 심리상담이나 심리치료에 대한 인식이 긍정적인 편이 아니다. 더구나 범죄에 노출된 피해자들의 경우 정신과적 치료나 심리상담에 대한 거부감을 드러내는 경우가 있다.

앞서 소개한 예술심리치료나 일상 속 심리치료처럼 내담자들에게 쉽게 다가갈 수 있는 활동과는 조금 다른 양상을 띤다. 예술 등 매개를 이용한 치료는 내담자가 다가서기 쉽고 자발적으로 찾아가는 일도 잦다. 치료에 대한 동기가 높기 때문에 치료에도 협조적이다. 상담을 할 수 있는 환경도 잘 갖추어져 있고, 프로그램도 풍부하다.

하지만 범죄피해자 상담의 경우 범죄 사건과 연관되어 있기 때문에 경찰과의 연락을 꺼리는 경우가 많다. 아직 범죄피해자에 대한 지원 대책이 부족하기 때문에 그에 대한 부담도 크게 느끼는 편이다.

사회생활을 할 수 없을 정도의 중상해를 입은 경우라면 경제적인 지원이 더 시급하다. 범죄피해자가 심리적 장애를 치료할 만큼의 여유가 없기 때문이다. 경제 활동이 가능하다고 하더라도 간단한 외출조차 어려워 아무도 만나지 못할 정도의 장애를 입는 경우도 많다. 그들에게 누구보다 절실하게 필요한 사람이 바로 피해자심리전문요원이다.

피해자심리전문요원에게 필요한 능력과 자격증

범죄피해자는 다른 심리치료를 받는 사람과 비교했을 때 상당히 위험한 위기 상태에 처해 있다. 직업, 학력, 나이 등의 개인적 배경이나 처해 있는 상황도 무척 다양하다. 그렇기 때문에 피해자심리전문요원은 그 무엇보다 배려심이 있어야 한다. 따뜻한 마음으로 상대방을 도우려는 마음에서 진심으로 다가설 때, 피해자인 내담자가 마음을 열고 상처를 치유할 수 있다.

때로는 피해자가 조직폭력배, 깡패, 사기꾼 등 반사회적인 사람인 경우도 있다. 그렇더라도 내담자에 대한 윤리적 판단이나 평가를 하지 않고 마음을 보듬고 치료해줄 수 있어야 한다. 그러려면 편견 없이 사람을 보는 마음이 우선이다.

범죄피해자인 내담자들은 병원이나 상담센터를 찾는 내

담자와는 달리 스스로 찾아오는 경우가 적다. 그렇기 때문에 자발적인 동기가 부족하고, 상담 과정에 있어서 소극적이고 비협조적이다. 그럴 때 내담자에게 필요한 것이 무엇인지 적극적으로 생각하고 알아내는 공감력과 추리력이 탁월해야 한다. 필요한 것이 무엇인지 파악했다면 적극적으로 도움을 줄 수 있어야 한다.

가장 주된 업무는 상담이기 때문에 상담심리학, 임상심리학 등 심리학 전반에 대한 전문적인 지식과 경험이 중요하다. 형법을 비롯해 경찰로서 알아야 할 지식들도 공부해 두는 것이 좋다.

피해자심리전문요원의 경력경쟁채용시험 공고에서는 "심리학 석사학위 이상 소지자 또는 심리학 학사학위 이상 소지자로서 심리상담 분야에서 2년 이상 근무 경력자"를 응시자격으로 하고 있다.

임상심리전문가, 상담심리사, 정신보건임상심리사, 임상심리사 1급·2급 자격증 소지자는 채용 시 우대를 받는다. 또 시력, 색신, 청력, 혈압, 체격 등에서 경찰공무원의 신체검사 기준을 통과해야 한다. 서류전형, 실기시험, 체력 및 적성검사, 면접시험 등의 전형을 통과해 합격하면 최종 채용이 되며, 채용 후에는 6개월간 경찰학교에서 신임 경찰관 기본 교육을 받게 된다.

피해자심리전문요원의 도달 경로

피해자심리전문요원은 경찰이기 때문에 국가 채용 공고를 통해 선발된다. 보통 대학과 대학원에서 상담심리학, 임상심리학 등 심리학 관련 전공을 하고, 병원이나 기관, 센터 등에서 경력을 쌓은 뒤 지원한다.

현재 피해자심리전문요원으로 활동하는 사람들은 기존 심리학자들이 활동하지 않은 새로운 분야에서 임상심리학자의 역할에 대해 고민하거나, 특수한 상담 대상에 대한 관심이 있는 경우가 많다.

범죄자들의 심리를 분석하는 프로파일러에 관심이 있거나, 우리나라에 생긴 지 얼마 안 된 분야인 만큼 새로운 분야에 대한 관심이 있다면 도전해볼 만하다. 심리학에 관심이 있다면 보다 특별하고 흥미로운 분야임에 틀림없다.

피해자심리전문요원의 미래 전망

현재 피해자심리전문요원은 경찰관으로 근무하기 때문에 근무 시간 및 보수는 동일한 계급의 다른 경찰관들과 같다.

지난 2021년 심리학을 전공한 경력자를 대상으로 전국에서 총 40명을 선발했다. 앞으로 관련 인력 보강이 예정되어 있지만 공무원의 인력 수급은 정책적으로 결정되며,

강력 및 폭력범죄 피해자를 대상으로 하는 업무 특성상 큰 폭의 증가는 기대하기 어렵다.

하지만 치열한 경쟁을 뚫고 들어갈 만한 가치는 충분하다. 다른 심리치료전문가와는 다르게 공무원 신분이 보장되고, 공무원으로서 누리는 복지혜택도 미래 유망 직업으로 꼽을 수 있는 이유이다. 원하는 심리학적 연구를 마음 편하게 할 수 있는 이유도 여기에 있다. 공무원으로서 노후도 보장된다.

아울러 피해자 보호에 대한 사회적 관심이 높아지면서 피해자심리전문요원에 대한 인식도 좋아지고 있다.

스포츠심리상담사

심리상담을 통해 선수들의 경기수행능력이 향상되도록 돕는 사람이 있다. 이들의 상담은 경기수행능력 향상에 초점이 맞춰져 있지만, 선수들의 라이프스킬(일상생활의 요구와 도전에 효과적으로 대처할 수 있는 적응력과 긍정적 행동을 하기 위한 능력), 은퇴 후 진로까지 상담해준다. 이들을 스포츠심리상담사라고 부른다.

일반 심리상담이 치료의 목적이 강하다면 스포츠심리상담은 능력 강화, 업그레이드의 목적이 크다. 운동선수들에게는 코치가 해주는 기술, 전술, 시스템 코칭이 중요하지만 그것만큼 중요한 것이 멘탈 코칭이다.

현재 스포츠심리상담사의 영역은 기업, 군대 등으로 다양하게 확대되고 있다. 그렇다면 스포츠심리상담사는 구체

적으로 무슨 일을 하며, 어떤 경로로 도달할 수 있을까? 미
래 사회의 전망에 대해서도 함께 살펴보자.

스포츠심리상담사가 하는 일

스포츠심리상담사는 선수들이 최고의 경기력을 발휘할
수 있도록 돕는 사람들이다. 훌륭한 운동선수가 되기 위해
체력적인 요인, 기술적인 요인 등이 중요하지만, 그것만큼
이나 중요한 것이 바로 심리적 요인이다.

스포츠심리상담사의 역할은 크게 상담, 연구, 교육 세 가
지로 나뉘어 있다.

첫째, 운동선수를 상담한다. 스포츠심리상담사는 운동선
수와 스포츠 참가자의 심리적 문제의 원인을 파악하고 해
결 방안을 마련한다. 선수들의 목표 설정을 돕고, 동기를
불러일으킨다. 아울러 심리기술훈련을 설계하고 실천을 돕
는다. 이를 위해 선수와 심리적인 부분을 상담하며 불안을
극복하고 자신감을 회복할 수 있도록 한다. 선수들이 포기
하지 않고 운동을 지속할 수 있는 동기를 강화하고, 운동수
행능력이 향상되도록 도와주는 역할을 한다.

둘째, 각종 연구에 참여한다. 스포츠심리학 관련 연구와
프로젝트에도 참여한다. 더 나은 상담과 지도를 위해 끊임
없이 연구하고 개발하는 것도 중요한 업무이다. 지도자와

선수를 위한 프로그램을 개발하고 연구하며 서로 공조하여 더 나은 방향을 만들어 나간다.

셋째, 교육을 통해 후배를 양성하고 학문 발전에 이바지한다. 스포츠심리상담사의 경우 대학에서 강의를 병행하는 경우도 많고, 전문가 회의나 미팅, 그에 따른 교육이나 상담 준비로 많은 시간을 할애한다. 선수와 지도자를 상담하고 나면 꼼꼼하게 상담일지를 작성한다. 상담일지를 토대로 치료 경과와 자료를 분석하고 정리한다.

스포츠심리상담사의 적성과 흥미

스포츠심리상담사는 스포츠를 매개로 하는 만큼 스포츠에 대한 흥미가 있어야 한다. 누구보다 열정적으로 스포츠를 좋아하고, 깊이 알아야 한다. 현재 활동하고 있는 스포츠심리상담사 가운데는 운동선수 출신도 있다.

선수와 한 팀이 되어 선수가 좋은 성적을 거둘 수 있도록 돕는 일이 최우선인 만큼, 최고의 전략을 세워야 한다. 하지만 각자의 개인 능력과 스타일이 있는 선수들의 마음을 여는 일이 쉽지만은 않다. 때문에 선수를 이해하고 공감할 수 있는 능력, 사람들과 친해지고 잘 어울릴 수 있는 친밀도를 높여야 한다.

선수가 마음을 열고 털어놓을 수 있을 때 계획이 순조롭게 실천되고 성과도 높아진다. 여기에서 가장 중요한 건 공감하며 경청하는 능력이다. 다른 사람의 이야기를 듣는 데 흥미가 있어야 한다. 선수와 소통을 원활하게 해나가려면 해당 선수의 스포츠 분야에 대한 지식과 흥미도 필요하다.

선수가 원하는 성과를 이뤄야 하는 만큼, 공동체 목표 의식이 있고 경쟁하는 것이 적성에 맞는 사람이어야 한다. 심리적 요인을 전략적으로 분석하고 계획을 세워야 하는 만큼 논리적이고 분석적으로 세상을 바라보고, 치밀한 계획을 세워 승리를 쟁취하는 데 재미를 느낀다면 즐겁게 일할 수 있다.

스포츠심리상담사의 도달 경로

스포츠심리상담사의 경우 운동선수 출신일 수도 있고 심리학을 전공하면서 운동에 특별한 관심이 있는 경우도 있다. 특별한 학력 기준은 없지만 취업을 위해서는 대학에서 체육학이나 스포츠심리학을 전공하고 대학원에서 스포츠심리학 석사 학위와 박사 학위를 받는 것이 좋다. 특히 대학과 대학원 교육 과정 동안 스포츠심리상담 자격증을 취득하고, 자격증을 취득하는 동안 경험을 쌓는 것이 낫다.

학위를 따고 난 뒤 좋은 조건으로 취업을 하려면 스포츠심리상담사와 관련된 연수를 받고, 스포츠심리상담사 활동에 도움이 되는 일반 심리상담, 미술심리상담 등 다양한 상담 특강을 듣거나 자격증을 취득하면 도움이 된다.

스포츠심리상담 자격증은 전문성에 따라 1~3급으로 나뉜다. 자격관리위원회가 인정하는 전문가의 감독 아래 1급의 경우 총 200시간 이상, 2급 140시간 이상의 현장 수련 활동을 한다. 이수 시간 안에 1급 전문심리상담사에게 자문과 조언 등을 받는 슈퍼비전과, 스포츠심리학회 학술행사 참가, 사례발표 등의 요건이 충족되면 스포츠심리상담 1급 자격증을 취득할 수 있다.

스포츠심리학을 전공하지 않은 경우에는 스포츠 관련 현장에서 2년 이상 전일 근무를 했거나, 자격관리위원회가 인정하는 별도의 교육과정을 이수하여 자격시험에 합격하면 3급 스포츠심리상담사 자격증 취득할 수 있다.

스포츠심리상담사의 미래 전망

현재 스포츠심리상담사는 의뢰를 받아 일을 하고 있다. 스포츠 팀을 관리하는 팀 관리자나 팀 담당자, 지도자 등에게 의뢰를 받으면 그 팀에 합류해 일을 시작한다. 소셜네트워크(SNS)나 개인 홈페이지를 보고 개인 상담을 의뢰하는 선수도 있다. 또는 상담을 받은 경험자의 소개를 통해 개인 상담을 의뢰하기도 한다.

현재는 점차 스포츠 선수에게 스포츠심리상담사의 존재가 중요하게 자리매김하고 있고, 활동 영역이 기업, 군대 등 다양하게 확대되고 있는 추세이다. 심리가 결과에 영향을 준다는 인식은 앞으로도 더욱 높아질 것이다. 또한 갈수록 심리상담에 대한 거부감이 줄어들고 모든 사람들에게 퍽 자연스러운 일이 되고 있다. 때문에 스포츠심리상담사의 업무 영역은 더욱 공고해질 것으로 기대된다.

스포츠는 예로부터 지금까지 사람들이 열광하는 활동이다. 미래 사회에도 사람들은 스포츠를 즐길 것이고, 누군가를 응원할 것이다. 이런 응원에 힘입어 운동선수는 누구보다 좋은 성과를 내기 위해 노력할 것이다. 기술이나 전술 외에 반드시 갖춰야 할 마음의 지도, 그 길을 안내하는 스포츠심리상담사의 역할이 더욱 기대되는 이유이다.

심리상담사, 심리치료사, 정신과 의사, 어떻게 다를까?

지금까지 우리는 심리상담사와 심리치료사에 대해 알아 보았다. 그런데 심리상담사와 심리치료사는 무엇이 다를 까? 내담자의 마음속 장애를 살펴보고 그 원인을 짚어낸 뒤 적절한 방법을 찾아 심리학적 치료를 해주는 사람이라 는 점에서는 모두 같은 것이 아닐까?

5장에서 다룰 정신과 의사(정신건강의학과 전문의)까지 하 는 일이 모두 비슷해 보이는데, 마음이 힘들거나 삶이 버거 워질 때 누구를 찾아가면 좋을까? 만약 우울증을 앓는다면 누구에게 상담을 받는 것이 좋을까?

심리상담사, 심리치료사, 정신과 의사, 모두 같은 일을 하는 사람이라고 생각할 수 있다. 하지만 심리상담사와 심리치료사, 정신과 의사는 모두 다른 일을 한다. 그러므로 심리적 문제에 부딪혔을 때 누구를 찾아가야 할지 정확히 선택해야 문제를 해결할 수 있다.

심리상담사와 심리치료사, 그리고 정신과 의사가 하는 일은 무엇이고, 어떻게 다른지 알아보자.

심리상담사

개인이 심리적 문제에 부딪혔을 때 이를 해결할 수 있도록 옆에서 마음을 어루만져주고 실질적인 조언을 해주는 전문가를 심리상담사라고 한다. 상담은 개인 상담, 가족 상담, 청소년 상담 등으로 다양하게 이뤄진다.

심리상담사는 심리나 정신적인 불편함을 가진 내담자와 상담을 통해 문제점을 찾아내고 발전 방향을 조언하며 도와준다. 전공이나 자격증 등이 취업의 기본 요소이다.

이혼상담사, 직업상담사, 스포츠심리상담사, 청소년상담사, 노인상담사, 아동심리상담사, 미술심리상담사 등처럼 치료 대상이 다양하다.

● **자격 기준:** 학력에 대한 제한은 없으며 자격증을 취득하면 취업이 가능하다. 국가공인자격증은 없으며 민간자격증을 취득한 뒤 경력을 쌓을 수 있다.

심리치료사

심리치료사는 관련 자격증을 취득한 뒤 병원이나 기관에서 심리검사와 치료를 한다. 심리상담사와 비슷하지만 재활과 치료의 개념이 들어간다. (심리상담사는 심리치료사로 취업할 수 있다.)

심리치료사가 심리치료를 하는 방법으로는 독서, 음악, 웃음 등 치료를 목적으로 한 구체적인 매개가 있다. 분명하고 구체적인 매개로 치료를 하기 때문에 심리치료사는 심리상담사와는 달리 각 분야에 대한 전문지식을 갖고 있어야 한다.

예를 들어, 미술상담사는 그림에 대한 이해만 있으면 되지만, 음악치료사는 악기를 연주할 수 있어야 한다. 심리치료사는 '치료'를 해야 하기 때문에 취업을 위해서 비교적 높은 학력이 필요하다.

● **자격 기준:** 학력에 대한 특별한 제한은 없지만 취업 때 기관에서 대학원 이상의 학력을 요구하고 있다. 각 분야에 맞는 자격증을 취득해야 한다.

정신과 의사(정신건강의학과 전문의)

정신과 의사는 약물치료를 할 수 있다. 정신과 의사는 환자의 '질병'에 초점을 맞춰 치료에 임한다. 심리상담사나 심리치료사와 비슷한 일을 하지만, 진단과 검사, 약물치료 등에 대한 권한이 있다는 점에서 차이가 나며, 내담자가 아닌 환자를 대상으로 한다.

심리 문제를 상담하기도 하지만 주로 스트레스 관련 질환, 사고장애, 정서장애, 행동장애 등을 예방하고 진단하며, 치료와 재활을 돕는다.

● **자격 기준:** 의과대학을 졸업하고 의과 과정을 모두 거친 뒤 국가공인자격시험에 합격해야 한다. 정신과 의사가 되기 위해서는 교육 기간이 6년 이상이고, 4~10년의 수련 기간을 거쳐야 한다.

5장
정신건강의학과 전문의
마스터플랜

정신건강의학과는
어떤 곳이지?

마음에 병이 있을 때 심리센터에서 상담을 받아 나을 수도 있지만 정신건강의학과에 방문해 치료를 받을 수도 있다. 정신건강의학과에서는 마음속 장애를 질병으로 분류하고 약물을 비롯한 의학적 치료를 한다.

그런데 우리가 지금까지 알아보았던 심리상담사들이 다루는 마음의 병과 정신건강의학과에서 다루는 정신질환은 어떻게 다를까? 정신질환이란 무엇이며, 정신건강의학과는 어떤 곳일까? 정신건강의학과에서 근무하는 정신건강의학과 전문의에 대해 알기 위해서는 정신건강의학과에 대해 먼저 알아볼 필요가 있다.

정신질환이란 무엇일까?

정신건강의학과 전문의는 의사로서 정신과적 질환을 앓고 있는 사람들을 치료한다. 사람들의 마음을 치료하지만, 앞서 살펴보았던 심리상담 전문가들과 다른 점은 이들의 장애를 '질환'으로 본다는 것이다.

그렇다면 정신건강의학과에서 말하는 '질환'이란 무엇일까? 정신질환은 정신병 또는 정신장애라고도 한다. 정신적인 문제로 인해 개인적, 사회적 기능에 문제를 일으키게 되는 행동, 정신적 이상을 말한다. '이상'의 범위를 어디로 두어야 하는지에 대한 논의는 많지만, 정신질환의 구분에 대해 다양한 연구와 비판적 검토를 통해 정의되고 있다.

현재 세계보건기구와 미국정신의학협회에서 발표한 사항을 일반적인 기준으로 사용하고 있다. 미국정신의학협회에서는 1952년 〈정신질환 진단 및 통계 편람〉을 발표했다. 이후 다양한 연구와 검증을 해가며 계속해서 개정판이 발표되었다. 현재는 제5회 개정판까지 발표되어 있다. 이 편람에는 정신질환이 어느 정도 문제를 일으키느냐에 따라 진단의 기준을 명시하고 있다. 정신의학회에서는 이 편람을 매뉴얼로 사용하고 있다.

정신과적 이상 증상은 초조, 불안, 우울증, 조증, 편집증, 정신증 등으로 다양하다. 이러한 증상들은 인지기능장애와 사회문제, 자살 등으로 이어지기도 한다. 질환에 따라 평생에 걸쳐 장애를 일으키기도 하고 일시적인 장애에 그치기도 한다. 대부분 원인을 찾기 어려운 경우가 많지만 원인이 밝혀진 경우 대부분 선천적인 외의 문제나 스트레스가 원인이 된다.

치료 방법에는 심리요법과 항우울제, 항정신병제제, 항불안제, 기분안정제, 각성제 등의 약물을 사용한다.

정신질환의 유형

우리나라에서는 장애인복지법에서 정신장애를 규정하고 복지나 사회활동에 여러 혜택을 제공하고 있다. 현재 장애인복지법에서 인정받는 정신질환은 조현병, 양극성정동장애(조울증), 반복성 우울장애, 우울장애 등으로 1년 이상 치료를 받았으나 나을 기미가 없는 경우이다. 이에 지적장애, 자폐성장애도 별도의 장애로 인정되고 있다.

한국표진질병사인분류도 한국 표진 질병사인 분류체계로 사용되고 있다. 이에 따르면 정신질환은 정신증, 신경증, 인격장애, 발달장애 등으로 나눌 수 있다.

① **정신증**: 사고와 감각이 왜곡되는 것을 말한다. 때문에 행동하거나 사회에 적응하는 데 어려움을 겪는다. 정신증

의 예로는 조현병, 망상장애, 조증 등이 있다.

② **신경증**: 정상적인 사고를 하지만 정신에 문제가 있는 경우이다. 사고가 왜곡되지는 않지만 특별한 느낌을 갖고 일상에 불편함을 느끼는 것이다. 이를테면, 우울장애, 신체화장애, 강박장애 등을 말할 수 있다.

③ **인격장애**: 습관, 성격, 사고방식이 일반적 범위를 벗어나는 장애를 일컫는다. 일상적 범위를 크게 벗어나 생활에 문제를 일으킬 때 인격장애라고 한다.

④ **발달장애**: 정신적 발달이 제대로 이루어지지 않았을 때이다. 발달장애는 대체로 선천적인 장애이다. 지적 기능이 낮은 지적장애, 의사소통과 사회적 이해능력이 낮은 자폐장애 등이 있다.

정신질환의 치료

일부 사람들이 정신질환은 치료될 수 없다거나, 약을 먹을 때에만 일시적으로 호전된다고 생각하는 경우가 많다. 하지만 일반적으로 정신질환은 약물치료와 정신치료를 통해 증상이 나아지고 완전히 낫기도 한다.

약물 치료의 경우 부작용이나 중독성이 있지 않을까 우려하는 사람들이 많은데, 모든 약물이 부작용을 나타내는 것은 아니다. 항우울제, 항정신병 약물, 기분안정제, 항불안제 등의 약물은 약간 졸리거나 머리가 멍해지는 부작용이 있지만, 그러한 부작용은 차츰 사라진다. 대부분의 정신과 약물은 중독성이 없다.

그리고 정신질환의 치료는 생각보다 비용이 많이 들지 않는다. 현재 우울증, 불안장애 등 대부분의 정신질환의 치료에는 건강보험이 적용된다. 게다가 2016년 1월 1일 기준 금융감독원이 실손의료보험 보장 범위를 더욱 확대했다. 우울증, 공황장애, 외상 후 스트레스 장애, 주의력결핍 과다행동장애 등이 실손의료보험의 혜택까지 받고 있다.

정신질환 치료에 대한 오해
① 정신질환은 약물치료로 나을 수 없다?
사람들의 생각과 달리 대부분의 정신질환은 약물치료와 정신치료를 통해 증상이 나아지도록 할 수 있다. 가벼운 우울증의 경우는 완치가 가능하다.

② 우울증 같은 정신질환은 정신력의 문제이다?
우울증과 같은 정신질환을 정신력으로 극복할 수 있다고

믿는 것은 큰 오해 가운데 하나이다. 우울증은 반드시 전문가의 도움을 받아야 하며, 치료를 해야 나을 수 있는 질병이다.

③ 약물치료는 중독과 부작용 등의 문제가 많다?

약물치료를 하면 중독되거나 지능이 떨어진다는 오해가 있다. 이러한 잘못된 상식은 치료를 어렵게 하는 요인이 된다. 약물치료는 부작용이 적고, 대부분의 약물에는 중독성이 없다. 그리고 이러한 부작용과 중독성을 줄이는 것이 전문의의 역할이다.

④ 정신과 치료 중 술이 담배보다 덜 해롭다?

술은 여러 질병에 있어 담배보다 덜 해롭다고 알려져 있는 경우가 많다. 하지만 술은 건강에 좋지 않을 뿐더러, 정신질환이 있는 경우에 술을 많이 마시면 알코올 중독과 조현병 같은 질환이 추가로 발생할 여지도 있다.

카페인이 든 음료도 약과 함께 복용할 경우 정신질환을 악화시킬 수 있다. 그러니 커피, 콜라 등의 음료는 가능하면 먹지 않는 편이 좋다.

⑤ 정신과 진료 기록이 남으면 취업이 어렵다?

그렇지 않다. 진료 기록은 다른 사람이 마음대로 조회할 수 없다. 치료를 받았던 사람이 취업한다고 해서 회사에서 임의로 정신질환에 대한 의무기록을 조회할 수 없다.

정신건강의학과 전문의는
어떤 직업이지?

정신건강의학과 전문의는 마음이 아픈 사람을 치료해주는 일을 한다. 이들은 의사이기 때문에 정신과적 질환으로 접근한다. 그리고 앞서 설명한 심리상담 전문가들과 달리 정신과 전문의에게는 정신과적 질환을 치료하기 위해 약물을 사용할 수 있는 권한이 있다.

물론 다른 심리전문가들도 쉽게 되는 것은 아니지만, 정신과 전문의는 특별한 권한이 주어지는 만큼 직업을 갖기 위한 교육 과정이 길고 어렵다. 그중에서 전문의 자격증 시험을 준비하고 합격하는 데 노력과 시간이 많이 든다.

이렇게 어렵고 복잡함에도 많은 사람들이 관심을 갖는 이유는 무엇일까? 하는 일이 매력적이어서 그런 것은 아닐까? 정신과 전문의가 하는 일은 구체적으로 무엇이며, 얼마나 긴 과정을 거쳐야 하는지, 필요한 자격증은 무엇이 있으며 어떻게 해야 직업에 도달할 수 있는지 함께 살펴보자.

정신건강의학과 전문의가 하는 일

정신건강의학과 전문의는 의사로서 정신과적 질환을 앓고 있는 사람들을 치료한다. 이들은 환자의 스트레스 질환은 물론이고 사고, 정서, 행동 등의 장애를 예방, 진단, 치료하고 재활을 돕는다.

치료 대상은 아동이나 청소년, 청년, 중년, 노인 등 나이나 특정한 상황에 제한이 없다. 누구든 정신적으로 힘들다면 정신건강의학과 전문의의 도움을 받을 수 있다.

정신건강의학과 전문의는 과연 무슨 일을 할까?

① 정신 장애, 스트레스와 연관된 다양한 신체 질환에 대한 예방적 접근을 한다.

현대 사회를 살아가는 현대인들은 다양한 스트레스에 노출되어 있다. 가정, 학교, 직장 등 사회적 상황뿐 아니라 본인 스스로의 감정적 문제들도 스트레스를 준다. 그런데 이런 스트레스들은 각종 신체 질환으로 나타난다.

실제 스트레스로 인한 몸의 이상반응들은 과학적 연구로 증명되어왔다. 사소하게는 두통과 감기부터 크게는 암에 이르기까지 스트레스는 질병의 주요 원인이다. 그렇기 때문에 우리는 스트레스를 잘 관리하고 마음을 유연하고 부드럽게 가질 필요가 있다. 정신건강의학과 전문의는 이러한 활동을 도와 스트레스 때문에 생겨나는 신체 질환에 대한 예방을 돕는다.

② 환자와의 정신과적 면담, 정신상태 검사, 다양한 심리 검사 및 뇌기능 검사를 한다.

환자의 정신과적 질환을 진단하기 위해 정신과적 면담을 한다. 정신과적 면담은 심리학적으로 접근하며, 정신건강의학과 전문의는 면담을 통해 환자의 정신과적 장애와 장애의 원인을 찾아 이를 분석한다.

이때, 과학적으로 증명된 검사들을 실시한다. 정신상태, 심리, 뇌기능 등을 검사한다. 뇌기능 검사를 하는 이유는 사람의 정신적 장애는 뇌기능과 연관되어 있기 때문이다.

③ 여러 진단 검사 자료를 이용하여 스트레스와 정신 장애의 내용과 정도를 진단한다.

정신 상태, 심리, 뇌기능, 스트레스 상태 등 다양한 검사와 면담 자료를 분석하고 환자의 질환을 진단한다.

④ 치료 계획을 세우고 약물치료, 생물학적 치료, 정신치료, 인지-행동치료, 가족 및 부부치료, 환경치료 등으로 환자를 치료한다.

진단 결과를 토대로 치료 계획을 세운다. 진단 결과에 따라 치료 방법을 연구하고, 치료 기간과 횟수 등을 계획한다. 대개 정신치료와 약물치료를 병행하는데, 정신치료만 또는 약물치료만 하기도 한다. 과학적으로 검증된 다양한 심리학적 치료도 한다.

⑤ 직업 재활 등의 다양한 재활 치료를 하고, 지역사회의 정신보건사업을 담당한다.

환자들은 정신치료 이후에도 재활치료가 필요하다. 정신건강의학과 전문의는 재활치료를 통해 사회생활이 불가능했던 환자들의 재활을 돕는다. 또, 지역사회의 정신보건사업을 담당하고 이끌어나간다.

정신건강의학과 전문의의 성격과 적성

어느 직업이나 그러하듯 정신건강의학과 전문의도 적성에 맞는 성격이 있다. "평양감사도 제가 싫다면 그만"이라는 속담처럼 아무리 좋은 직업도 적성에 안 맞으면 할 수가 없다. 다음 정신건강의학과 전문의에게 어울리는 적성에 대해 알아보고, 여러분에게 이 직업이 맞는지 생각해보자.

① 배려

배려는 다른 사람들의 욕구에 민감하며 그들이 원하는 것을 잘 알아차려 그들을 이해하고 도와주려는 심성을 말한다. 정신건강의학과 전문의는 환자가 말하는 것을 정확하게 파악하고, 그 사람이 원하는 것을 알아내는 것이 첫 번째 목표이다. 이는 남을 배려할 줄 아는 능력에서 나온다.

② 분석적 사고

환자를 면담하거나 검사 결과를 보면서 문제의 원인이 무엇인지 논리적으로 생각할 수 있는 사람에게 적합하다. 문제에 대한 답을 구하기 위해 정보를 분석할 줄 알아야 한다.

③ 신뢰성

환자에게 믿음을 줄 수 있어야 한다. 거짓으로 꾸며내 믿음을 사는 것이 아니라 진실성을 바탕으로 임한다. 진실되고 맡은 바 책무를 다할 때 환자도 이를 신뢰하고 의사를 따른다. 정신건강의학과 전문의는 기본적으로 이러한 신뢰성을 가진 사람이어야 한다.

④ 성취와 노력

목표를 정하고 그를 달성하기 위해 노력하는 사람이어야 한다. 환자를 어떻게 치료할 것인지 목표를 정하고 환자가 어떤 상태, 어떤 성향이든 리드하고 통솔하며 이끌어나가 원하는 목표에 달성하도록 노력해야 한다.

⑤ 책임감과 진취성

책임감이 강한 사람이 환자를 사랑으로 돌보며 끝까지 책임질 수 있다. 치료의 방향이 틀렸을 때 이를 책임지고 마무리할 의지가 필요하다. 거기에 새로운 방법을 강구하고 모색하는 진취성도 필요하다.

정신건강의학과 전문의의 특징과 요구 능력

정신건강의학과 전문의는 정신질환을 갖고 있는 사람들을 대상으로 치료에 임하는 만큼 인내와 자제력이 필요하다.

한 직업조사기관의 조사에 따르면, 정신건강의학과 전문의의 업무 환경에 있어 '신체적으로 공격적인 사람 대하기' 지수가 100으로 최고점을 기록했다. 그들이 대하는 환자 중에 정신질환이 심각하거나 질환에 따라 폭력적이고 공격적인 성향을 띤 사람이 간혹 있다. 그러한 사람을 대하는 빈도가 다른 직업군보다 높으므로 유연한 대처 방법을 알고 있어야 한다. 본인은 물론이고 함께 근무하는 사람들의 안전에 대한 책임도 있기 때문이다.

정신건강의학과 전문의는 사람의 생명을 다루는 의사이기 때문에 작은 실수라도 심각한 결과를 초래할 수 있다. 신체적 생명을 다루는 의사가 하는 일과 차이는 있지만 그들 또한 사람의 중요한 일부인 정신을 치료한다. 그러므로 실수가 없도록 꼼꼼하게 일해야 하고, 혹시 실수가 발생했다면 결과에 책임질 수 있어야 한다.

앉아서 근무하기 때문에 편하게 보일 수 있지만 상시 환자들을 대하는 만큼 스트레스와 부정적 영향을 많이 받으므로 이를 잘 관리해야 한다. 환자들과 대화를 나누고 치료에 임할 때 잘 따라오도록 이끄는 것도 중요하다. 다른 사람들을 상담하고 조언하는 자기만의 기술이 필요하다.

가장 필요한 능력은 환자가 어떠한 상태더라도 환자를 정서적으로 지지하고 돌보는 일에 즐거움과 보람을 느끼며 치료에 임하는 태도이다. 그리고 환자의 문제가 무엇인지 논리적으로 분석하고 체계적인 해결책을 만들어야 한다. 그것을 교육하고 훈련하는 프로그램으로 만들어 사람들에게 정확하고 자세하게 전달할 수 있는 능력도 요구된다.

정신건강의학과 전문의의 자격증 및 도달 경로

우리나라에서 의사가 되는 방법은 두 가지이다. 하나는 의과대학을 졸업하고 의사국가면허시험에 합격하는 것이다. 다른 하나는 의과대학이 아닌 일반대학을 졸업한 뒤 의학전문대학원에 진학하는 것이다. 의학전문대학원은 4년 과정으로 여기에서 의무석사학위를 취득하고 의사국가면허시험에 응시해도 된다.

현재 의과대학은 서울대학교 등 10개의 국립대학과 고려대학교 등 31개의 사립대학이 있다. 의과대학은 의예과 2년, 의학과 4년 총 6년 과정이다. 의과대학에 재학하는 동안 해부학, 조직학, 병리학, 예방의학, 의공학, 약리학, 감염학, 임상실습 등을 배운다.

대학을 졸업하면 의사국가면허시험에 합격해야 하는데, 2021년 시행된 보건의료인국가시험원의 의사면허 필기시험에는 3,163명이 응시하여 3,100명이 합격했다. 여기에서 실기시험까지 합격해 의사면허를 발급받은 인원은 412명이다.

특정 분야를 전문으로 하지 않고 진료하는 의사를 일반의사라고 한다. 그리고 의사면허를 취득한 후에 인턴 과정 1년과 레지던트 과정 4년(예방의학과, 결핵과, 가정의학과 3년)을 거쳐 각 분야의 전문의 자격시험에 합격한 사람을 전문의사라고 한다.

전문의사는 총 26개 과의 전문분야(산부인과, 안과, 이비인후과, 피부과, 비뇨기과, 신경과, 정신과 등)로 구분되어 있으며, 현재 전문의 시험에 응시하는 사람의 비율이 높아지고 있는 추세이다.

정신건강의학과 전문의로
살아간다는 것

하얀 가운을 입고 진지한 표정으로 환자와 면담하는 사람, 우리가 영화나 드라마에서 많이 본 정신건강의학과 전문의의 모습이다. 그런데 실제로 정신건강의학과 전문의는 어떤 일을 하며, 어떻게 살아갈까?

정신건강의학과 전문의 과정

정신건강의학과 전문의가 되기 위한 수련 과정은 길고도 어렵다. 공부하고 연구해야 할 것도 많고, 실제 경험을 쌓는 과정도 중요하기 때문이다. 그렇다고 지레 겁먹을 필요는 없다. 적을 알고 나를 알면 백전백승! 아무리 어렵고 힘든 일도 그것에 대해 자세히 알면 해낼 수 있다. 정신건강의학과 전문의는 어떤 과정을 거쳐 전문의가 되는지 알아보자.

① 의대(6년)

의사가 되기 위해서는 의대를 입학하고 졸업까지 마쳐야 한다. 의대는 일반대와 다르게 6년 과정으로 되어 있다. 여기서 6년은 예과 2년과 본과 4년이다. 사람의 생명과 직결된 직업인만큼 일반 대학의 과정에 비해 긴 것이 당연하다.

② 인턴(수련의, 1년)

의대생의 과정을 거쳐 국가고시에 합격하면 보통 1년 동안 인턴으로 근무하게 된다. 대학병원이나 종합병원으로 배정받는다. 그렇다면 인턴은 의사일까, 아닐까? 인턴은 의사면허가 있으므로 엄연히 의사이다.

③ 레지던트(전공의, 4년)

인턴 1년 과정을 마치면 보통 4년 동안 레지던트 생활을 시작한다. 레지던트 과정은 전문의 자격을 얻기 위한 전 단계이다. 이 단계에서 임상수련을 하게 된다. 인턴이나 레지던트는 국가에서 수련 기관으로 지정한 병원에서만 선발할 수 있다. 레지던트 4년차는 의국장이라고 한다.

④ 펠로우(전임의, 임상강사, 1~3년)

레지던트 과정을 마치면 전문의 자격을 갖는다. 전문의 자격을 가지게 된 후 1~2년 동안 정해진 과에서 병원의 일을 돕게 되는데 이를 펠로우(Fellow)라고 한다. 레지던트와 의학교수의 중간 과정을 밟는 전문의라고 할 수 있다.

⑤ 교수(스태프)

교수(스태프)는 대학병원에서 근무를 하며 인턴, 레지던트를 교육하는 의사이다. 직급 순서는 조교수, 부교수, 정교수 순이다.

정신건강의학과 전문의의 어려움

과거 대만에서 정신건강의학과 전문의가 우울증으로 자살한 사건이 있었다. 환자의 우울증을 치료해주는 의사가 우울증으로 자살했다는 사실은 대만 사회에 큰 충격을 주었다.

그는 평소 자신이 우울증 환자라는 사실을 밝혔었고, 환자를 치료하는 과정에서 본인의 경험담을 나누었다. 이러한 치료법으로 대만에서 수많은 저명인사의 우울증을 치료하며 유명세를 치렀다. 하지만 그와 함께 각종 언론에 사생활이 적나라하게 공개되면서 상당한 정신적 고통을 겪은 것으로 드러났다.

그의 자살 이후 대만 정신의학계는 "정신과 의사가 받는 스트레스가 매우 높을 뿐만 아니라 자살률 역시 타과 의사와 비교했을 때 높다는 연구 결과도 보고되고 있다"면서 "이번 일은 단순히 하나의 사건으로 치부해서는 안 된다"고 했다.

그의 자살을 통해 우울증 치료의 중요성을 강조하면서도 정작 치료를 담당하는 의사들의 정신건강에 얼마나 관심이 없었는지 생각해보는 계기가 되었다. 정신건강의학과 전문의가 우울증을 경험하는 확률은 어느 정도일까? 그리고 그들의 치료는 어떻게 이뤄지고 있을까?

한 조사 결과에 따르면 정신건강의학과 전문의의 경우 다음과 같은 정신적 문제를 갖고 있다.

① 경증 우울증·무기력감에 시달린다. **65.7%**
② 다른 정신건강의학과 전문의에게 치료를 받았다. **6%**

보다시피 우울증에 시달리는 비율은 높지만 다른 정신건강의학과 전문의에게 치료받는 경우는 극히 드물다. 우울증의 전문적 치료에 대해 누구보다 잘 알고 있는 정신건강의학과 전문의가 우울증 치료를 받지 않는다는 사실은 놀랍지 않을 수 없다.

그런데 정신건강의학과 전문의의 우울증 비율이 높은 이유는 무엇일까?

첫 번째 이유는 일반 환자들과 비슷하다. 본래 가진 우울증 소인이나 가족 문제, 재정난의 위기, 유년시절 트라우마, 가족병력, 은퇴 고민, 자기 건강에 대한 소홀함 등 다양한 원인으로 정신적 압박을 받고 있다.

두 번째 이유는 특히 개인병원을 운영하는 의사들에게 두드러지는 고립감 때문이다. 개인병원은 의사 한 명과 의료인으로 구성된다. 때문에 개인병원 전문의는 의사로 구성된 전문직 집단에서 벗어나 의사 사이의 교류, 자아 주체성 확인에 어려움을 겪게 된다.

서울대 의대 이대근 교수가 분석한 결과를 보면, 개인병원을 운영하는 의사들은 "주변과 교류가 없어 외롭다"는 표현을 자주 사용한다고 한다. 업무 부담도 크고 체력적으로도 힘들며 여가 시간을 갖기가 어렵기 때문에 사회적 고립감을 더 많이 느끼는 것이다.

세 번째 이유는 환자를 치료하는 중에 환자의 우울감이 전이되기 때문이다. 정신건강의학과 전문의는 환자의 고통과 분노, 우울 등의 감정을 자신의 감정 안에 오롯이 담아내야 한다. 환자와 의사인 자신의 감정을 분리하는 훈련을 받음에도 불구하고, 환자를 이해하는 마음으로 평가하고 진단하는 동안 괴로움과 우울함을 피하기 어렵다.

스스로를 치료하는 전문의들

우울증에 걸린 정신건강의학과 전문의가 우울증 환자를 치료하는 일도 있을까? 답은 그렇다. 우울증을 방치하고 있을 경우는 문제가 될지 몰라도, 의사가 치료를 받고 있다면 문제될 것이 없다는 것이 전문가들의 의견이다.

또한 환자를 진료하는 데 영향을 줄 만큼 위험한 수준의 우울증으로 이어지는 경우는 드물다는 의견도 있다. 조절되지 않는 심각한 우울증에 빠지거나 일반인보다 심한 경우는 드물 것이라는 생각이다.

정신건강의학과 전문의 5명 가운데 1명 정도가 우울감을 경험하지만 일반 환자와 달리 조기 진단과 자기 관리가 가능하다. 또 약물 요법이 필요하다면 스스로 자가 치료를 하기 때문에 증상이 악화되는 일이 거의 없다.

실제 주요 연구결과를 보면, 정신건강의학과 전문의는 본인의 우울증 때문에 상담을 받는 경우가 드물다. 경증 또는 중등도 우울증을 동반한 의사들 대부분이 자가 치료를 선택한다고 한다. 가벼운 우울감을 느낄 때는 운동 등 비약물적인 방법을 택하고, 만약 2주 이상 우울감이 지속된다면 본인 스스로가 항우울제를 복용한다고 한다.

경증 우울증을 경험한 정신과 의사와 우울증 환자 등을 비교한 논문에 따르면, 정신과 의사들의 82.6퍼센트가 정신건강의학과 방문에 앞서 스스로 치료하겠다고 답했다.

미국에서도 비슷한 결과가 나왔다. 미국 미시건 지역 내 정신건강의학과 전문의 가운데 우울증을 경험한 830명을 대상으로 조사한 결과, 다른 정신과 의사에게 치료를 받겠다고 답한 사람은 약 3퍼센트에 불과했다.

정신건강의학과 전문의들은 자신을 치료할 때 어떤 치료 방법을 사용할까? 그들은 주로 독서, 운동, 명상, 휴식, 산림욕, 운동, 요가, 기공 등과 같은 이완법, 음악감상 등의 각종 취미활동 등을 선호한다고 한다. 또 임상연구를 통해 입증된 아로마 치료, 광 치료, 컴퓨터 프로그램을 이용한 중재요법도 주된 치료로 꼽았다.

이렇게 정신건강의학과 전문의들이 일반인들에 비해 우울증이 깊게 진행되지 않는 이유는 경미한 우울감도 금세 알아차리고 즉각 치료하기 때문이라고 분석된다. 또, 환자를 상담하고 치료하면서 얻는 보람도 이들을 깊은 우울증에 빠지지 않게 해주는 요소이다.

사람들은 왜 정신건강의학과를 두려워할까?

'정신병자'라는 말이 비속어로 사용되는 경우가 있다. 이

것은 정신건강의학과 진료에 대한 부정적인 시각의 단편이라고 할 수 있다. 요즘은 그러한 인식이 많이 줄어들기는 했지만, 여전히 남아 있는 것이 사실이다.

한국인이 평생 정신질환을 겪을 확률은 4명 중 1명이다. 약 25퍼센트이다. 정신질환 1년 유병률은 11.9퍼센트에 달한다. 그런데 왜 아직도 우리나라에는 정신건강의학과에 가기를 꺼려하는 사람들이 많을까?

① 막연한 두려움과 부정적인 이미지

정신질환에 대한 부정적 이미지는 실제로 존재할까? 정신질환자는 사회적으로 얼마나, 어떻게 부정적 이미지로 비춰지고 있을까?

지난 2017년 국립건강정신센터가 발표한 〈대국민 정신건강 지식 및 태도조사 결과보고서〉에 따르면, "정신질환이 있는 사람은 위험한가?"라는 질문에 61.4퍼센트(939명)가 "그렇다"라고 대답했다. 반면 "그렇지 않다"고 대답한 응답자는 11.4퍼센트(175명)에 그쳤다. 아직 우리나라 사회 전반에 걸쳐 정신질환자에 대한 막연한 두려움이 있다고 해석할 수 있다.

아울러 정신질환자에 대한 배타성도 여전한 것으로 드러났다. "정신질환자 이용 시설이 우리 동네에 들어오면 받아들일 수 있는가?"라는 질문에는 35.6퍼센트(544명)만이 긍정적인 입장을 나타냈다. 21.4퍼센트(327명)는 "받아들일 수 없다"는 부정적인 의견을 냈다.

② 병원에 갔던 기록이 남을까 봐

서울대병원에서 '우리나라 정신건강 인식 및 서비스 이용 개선을 위한 연구'를 진행한 적이 있다. 조사 결과, 정신과를 찾는 것이 망설여지는 이유로 "제도적 불이익과 사회적 인식"이 절반 이상(61.8%) 차지했다. 그중에서도 "정신과 기록에 대한 우려"가 가장 크게 나타났다.

서울대병원 측은 "정신과를 일반 병원처럼 쉽게 가지 못하는 이유는 어떤 진료를 하는지 정보가 부족하기 때문"이라며 "정신과는 나의 증상보다 병원 정보가 우선시되며, 다른 사람이 남긴 리뷰를 통해 의사 선생님의 진료 성향을 파악하고, 불확실성을 줄이고자 하는 경향이 있다"고 설명했다.

환자들은 정신질환 치료를 받고 나서 진료 결과를 신뢰하지 못하는 경우가 많다. 진료를 받은 후에도 다른 병원을 돌아다니며 끊임없이 비교하는 사람들도 많다.

또한 서울대병원 측은 "정신과에 더욱 쉽게 방문하기 위해서는 기록이 남지 않는다는 확실한 한마디가 절실하다"

고 했다. 실제로 정신과를 방문한 환자들은 기록이 남을까 봐 보험처리를 하지 않는 경우가 많다.

따라서 우리 사회는 정신건강의학과에 대한 인식 개선이 간절하다. 정신건강의학과가 두려운 곳이 아닌 따뜻하고 일상적인 곳으로 자리 잡을 수 있을 때 국민들의 정신건강이 보장될 것이다.

정신건강의학과 전문의로 미래를 살아갈 수 있을까?

최근 사회적으로 자기 자신에 대한 관심이 높아지면서 정신건강의학과 전문의의 역할이 커지고 이 직업에 대한 관심도 높아지고 있다. 직업에 대한 인식도 좋아져 사람들에게 인정과 관심도 많이 받고 있다.

그렇다면 미래 사회에서는 어떨까? 정신건강의학과 전문의의 역할을 로봇이나 AI가 할 수 있을까? 혹시 지금과는 다르게 인기 없는 직종으로 전락하는 것은 아닐까? 그런 걱정이라면 붙들어 매는 것이 좋겠다. 미래 사회에도 정신건강의학과 전문의의 전망은 꽤 밝다.

정신건강의학과 전문의의 미래 전망

다른 직업과 비교해 직업에 대한 처우는 좋은 편이다. 무엇보다 정신건강의학과 전문의를 필요로 하는 곳이 점차 많아지고 있다. 현대 사회는 정신적 문제를 사회 안에서 해결할 수 없는 구조이기 때문이다.

과거에는 할머니, 할아버지, 아버지, 어머니뿐 아니라 고모, 이모, 삼촌들까지 한 집 또는 한 마을에 모여 사는 경우가 많았다. 이렇게 피로 맺어진 친인척이 아니더라도 마을에 모여 사는 이웃들과 가족처럼 가까운 관계를 유지했다. 당시에는 정신적 아픔을 서로가 상담하고 해결책을 찾아주는 역할이 가능했다. 서로에게 깊은 관심을 갖고 마음을 써 주었으며, 언제든 따뜻한 손길을 내밀었다.

하지만 이제 가족의 형태가 핵가족을 넘어 1인 가구의 비율이 높아지고 있다. 옆집에 누가 사는지 알지 못한 채 살아가고, 마음 아픈 일이나 기쁜 일이 생겨도 서로 공유하지 않는다. 서로를 알지 못하는 느슨한 관계에서는 서로의 아픔이나 상처를 보듬기가 어려우며, 자칫 오해를 불러오기도 한다.

개인과 개인의 경쟁과 불신이 점점 깊어지고 있다. 이러한 경쟁 사회에서는 사람들이 소외, 불안, 우울 등의 감정을 더욱 많이 느낀다. 따라서 이들에 대한 연구와 진단, 치료를 담당하는 정신건강의학과 전문의 역할이 점차 커지고 있다.

정신과적 치료에 대한 사람들의 인식도 크게 변화하고

있다. 과거에는 정신과적 치료에 대한 무조건적인 거부감이 있었지만 요즘은 마음이 힘들 때 전문가의 도움을 받아야 한다고 인식하는 경우가 많다. 이러한 인식의 개선과 개인의 소득 상승, 의료기술 발달, 인구 고령화, 건강 및 생명 중시 의식 개선, 건강보험 발전 등이 우리나라 의료 서비스 수요 및 의사 수요를 증가시키는 주요 요인이다.

미래 사회에는 의료기술의 발달로 정복되는 질병의 폭이 넓어지고, 인구 고령화로 의료 서비스에 의존하는 인구 비중이 높아질 것으로 예상된다. 과거 육체적 질병 치료 위주에서 예방, 내면 심리치료, 외모 충족 욕구, 재활 등의 사전 예방적이고 포괄적인 의료 서비스 수요가 증대되어 의사 수요도 지속적으로 확대될 것이다.

향후 의료 수요와 관련해 가장 큰 변화는 우리나라가 2026년 초고령사회(65세 이상 비중 20% 이상)에 진입한다는 점이다. 다음으로 우리나라의 의료 기술과 의료 서비스 수준이 국내는 물론 한류문화와 함께 동아시아를 넘어 세계로 나가는 단계에 와 있다는 점이다. 국내로 입국하는 의료 수요뿐만 아니라 최근 우리나라 의료 기술의 선진화로 국내 병원과 의사가 중국, 미국, 중앙아시아 및 중동 등 해외로 진출하는 사례도 늘고 있다.

직업을 통해
얻는 가치

　일을 하면서 누군가를 도와줄 수 있다는 것은 무엇보다 행복한 일이다. 특히 정신건강의학과를 찾는 환자들은 정신적으로 특별한 상황에 처해 있는 사람들이다. 이들에게는 따뜻한 손길이 필요하고, 과학적, 의학적으로 분석하고 치료해줄 사람이 필요하다.

　실제 정신건강의학과 전문의들에게 가장 기쁜 순간을 꼽으라고 하면 내원한 환자들의 변화를 주로 든다. 특별히 좋지 않은 상황에 처해 있는 환자가 여러 치료를 통해 호전되었을 때 가장 기쁘고 큰 보람을 느낀다고 한다. 이는 정신건강의학과 전문의가 아니라면 느끼지 못할 순간이다. 이런 순간에 얼마나 큰 자부심과 즐거움을 느낄까? 이 직업이 다른 직업과 비교하여 보람과 가치에 비중을 더 많이 두는 이유이다.

정신건강의학과 전문의가 직업으로서 갖는 또 다른 가치는, 인간의 특성을 연구하고 새로운 가치를 창출할 수 있는 직업이라는 점이다. 다른 사람들이 모르는 인간의 특성에 대해 공부하고, 보통 사람들은 미처 생각지 못하는 마음의 비밀을 풀어나간다. 새로운 이론을 정립하기도 하고 기존의 이론을 발전시키기도 하며, 사람의 마음을 연구해 아픔을 치료하고 더욱 건강한 삶을 살 수 있도록 돕는다.

정신건강의학과 전문의들이 이룬 성과와 그들이 하는 일은 직업적 대가인 월급으로 충분히 보장된다. 직업에 대한 사회적 인식도 좋은 편이라 사람들의 사랑과 존경도 충분히 받고 있다. 미래 사회에서도 정신건강의학과 전문의들의 역량은 계속될 것이며, 이들이 느끼는 보람은 더욱 커질 것이다.

꿈을 통해 보는 있는 그대로의 나?

인간은 평생 꿈을 꾸면서 살아간다. 어떤 꿈은 선명하게 기억하고, 어떤 꿈은 기억하지 못한다. 그런데 꿈에는 현실에서 경험한 일들이 다시 나타나기도 한다. 이를 알아차리지 못하는 이유는 우리가 경험하거나 기억하고 있는 모습으로 나타나지 않기 때문이다. 우리가 알아차릴 수 없는 전혀 다른 모습(비유와 상징)으로 나타나기 때문에 꿈에서 본 것을 한 번도 본 적 없는 것이라고 여긴다.

경험한 일이든 아니든 꿈의 내용을 어떻게 받아들이는지는 사람마다 제각기 다르다. 의미가 분명하게 느껴지는 꿈도 있고, 무엇을 의미하는지 혼란만 주는 꿈도 있다.

그런데 꿈이 과거의 어떤 일을 되새기는 것이라면, 꿈을 어떻게 설명할 수 있을까? 경험해서 알고 있는 형태가 아니라 전혀 다른 비유와 상징을 통해 나타나는 꿈을 어떻게 해석하면 좋을까? 단순히 인터넷에서 꿈해몽을 찾아볼 것인가?

정신분석학의 대가 두 명의 이야기를 들어보자.

지그문트 프로이트에 의하면, 꿈은 우리가 깨어 있는 동안 실현시키지 못한 소망들을 충족시킨다고 한다. 꿈은 우리가 가진 소망들을 실현한다는 것이다. 사람들은 프로이트를 통해 꿈이 단순한 일상에 대한 회상이 아니라, 뇌 활동의 일부이자, 무의식과의 대화라는 것을 알게 되었다.

한편 융은 의식 수준에서 인지되지 않는 정신의 부분들이 꿈에서 보상적으로 나타나며, 꿈은 무의식의 창조적인 힘이 발현되는 곳이라고 보았다. 꿈은 객관적인 사실이며 우리는 꿈을 창작하지 못한다는 것이다. 어떤 대상을 떠올리며 그것에 대해 꿈을 꾸려고 노력해도 그것을 창작하는 일은 절대로 불가능하다는 사실을 알게 될 것이라고 했다.

그래서 융은 꿈에 나타나는 것들이 사람들의 내면을 상징한다고 생각했다. 현실에서 표현되지 못한 채 무의식에 자리 잡고 있는 억압된 것들이 꿈을 통해 드러난다고 생각한 것이다.

프로이트와 융은 꿈을 있는 그대로 이해하기보다는 상징적으로 해석했다. 꿈을 상징적으로 해석한다고? 잘 이해가 가지 않는다면 칼 융이 만난 내담자 사례를 함께 살펴보자.

꿈을 통해 알아낸 한 남자의 마음

스위스 보병 장교인 한 남자가 융에게 심리상담을 받기 위해 사무실을 찾아왔다. 그는 2개월 전부터 발뒤꿈치에 심한 통증을 느끼고 있었다. 의사들을 찾아가 열전기 물리치료, 수치료, 최면치료 등을 받아 보았지만, 아무런 효과가 없었다.

융은 통증에 대한 어떤 정보도 그에게 얻을 수 없었다. 남자는 발뒤꿈치의 통증이 왜 생겼는지 전혀 기억하지 못했다. 융은 지푸라기라도 잡는 심정으로 그에게 꿈에 대해 물어보았다. 남자는 자신의 꿈 이야기를 하나 꺼냈다.

"꿈에 확 트인 어딘가를 걷다가 뱀을 밟았는데, 그만 뱀이 내 뒤꿈치를 물었어요. 뱀독이 퍼졌을 거라는 생각에 놀라 잠에서 깨어났습니다."

그의 말을 들은 융은 《성경》의 창세기에 나오는 뱀의 비유에 대해 이야기를 해주었다. 그러자 그가 말했다.

"한 여자가 생각납니다."

그는 자신이 겪은 여성과의 문제에 대해 이야기하기 시

작했다.

"휴가를 나가서 보니 3개월 전에 저와 약혼한 여자가 다른 남자를 사귀고 있었어요."

남자는 그동안 그 여자에 대한 감정, 버림받은 슬픔의 고통, 분노의 감정을 스스로 억누르고 있었던 것이다. 그는 융과의 상담을 통해 자신의 부정적인 감정을 인식함과 동시에 발뒤꿈치의 통증이 사라졌다는 것을 느꼈다. 그 통증은 억눌려 있던 남자의 심리적 고통이었다.

우리는 의식적인 삶을 살고 있지만, 한편으로 매우 무의식적인 삶을 살고 있다. 그리고 무의식적인 삶을 살고 있으면서도 무의식적으로 살고 있다고 의식하지 못한다. 왜냐하면 깨어 있을 때 자아가 강하게 작동하기 때문에 있는 그대로의 자신을 본다는 것은 대단히 어려운 일이다.

그런 의미에서 꿈은 어렴풋이나마 우리의 무의식을 비춰주는 거울인지도 모른다.

부록

[마음에 관한 자투리 상식]

알고 있니?
우리가 가진 두 얼굴!

알고 있니?
우리가 가진 두 얼굴!

우리는 살아가면서 '나도 모르게' 연기를 한다. 사람들 속에 섞여 있다 보면 상대방 혹은 어떤 상황에서 보여줘야 하는 모습이 있기 때문이다. 이러한 모습을 '내가 보여지고 싶은 대로 연기하는 인격'이라고 하는데 이것을 심리학 용어로 '페르소나'라고 한다.

페르소나란 무엇이며 어떤 상황에서 드러날까? 우리는 정말 모두 페르소나라는 가면을 쓰고 살아가는 것일까? 페르소나는 우리에게 유익한 걸까, 나쁜 것일까? 심리전문가로서 한 번쯤 공부하는 부분이기도 하니 관심 있게 읽어보는 것이 좋겠다. 자, 지금부터 페르소나에 대해 알아보자.

페르소나란 무엇일까?

살아가면서 개인이 하고 있는 역할은 한두 개가 아니다. 어떤 때는 누군가의 아들이나 딸이 되고, 어떤 때는 선생님의 제자가 된다. 오빠(형)나 언니(누나)거나 동생이 될 때도 있다. 친한 친구, 엄마 친구 아들(딸), 버스 승객, 식당의 손님까지, 살면서 맡게 되는 역할이 무궁무진하다.

그런데 이때, 우리는 그 역할에 맞는 모습을 연기하게 된다. 사회적으로 옳다고 여겨지는 자녀의 모습, 친한 친구의 모습, 손님의 모습까지, 심리학자들에 의하면 이런 모습을 '정해진 사회적 역할'이라고 한다. 우리는 이러한 사회적 역할을 배우고 상황에 맞는 가면을 쓴다. 그러므로 페르소나는 한 가지가 아니다.

심리학자 칼 융은 사람에게는 사회적 요구에 따라 형성되는 '사회적 성격'이 있다고 했다. 이는 사회의 기대나 우리 자신의 목적 또는 열망에 의해 생겨난다고 한다. 그 역할을 맡았을 때 주변 사람들이 '나를 이렇게 봐주었으면 좋겠다'고 생각한다는 것이다.

그러면 자신이 맡은 역할에 충실할 때, 그를 진짜 우리 자신이라고 할 수 있을까?

페르소나는 어떻게 생겨나지?

우리는 태어나고 자라면서 어떻게 살아가야 하는지 배운다. 다른 사람들을 관찰하고, 그 모습을 흉내 내며, 더 잘 흉내 내기 위해 연구하기도 한다. 아주 사소하게는 밥 먹는 법, 걷고 뛰는 법, 웃고 우는 모습까지도 보고 따라하면서 성장한다.

그러니 우리가 페르소나를 사용한다는 것은 매우 당연하고 자연스러운 일이다. 페르소나는 나보다 나이가 많은 사람 앞에서는 어떻게 웃어야 하는지, 동생에게 오빠답게 보이려면 어떻게 해야 하는지 보고 따라하며 배우고 흉내 내는 가면이기 때문이다. 결국 페르소나는 다른 사람들과 원활하게 소통하기 위해 사용하는 가면이라고도 할 수 있다.

이 세상은 각기 다른 개인들이 함께 모여 살아가므로 서로의 관계나 상황에 따른 역할을 매끄럽게 수행하지 않으면 어울려 살아가기 어렵다. 이렇게 개인과 개인을 만나게 해주고 어우러지게 하는 것도 페르소나가 하는 좋은 역할이다.

이 페르소나는 한번 생겨난 모습이 평생 유지되지 않는다. 시간에 따라 변하고, 환경이나 상황에 따라서도 계속 변한다. 예를 들면, 나이가 들면서 패션 감각이 자꾸 변해가는 것도 페르소나의 하나라고 할 수 있다. 시간이 흐르거나 거주 지역이 바뀌거나 직업이 바뀌는 등 새로운 환경 속에 있게 되면 우리에게는 또 다른 페르소나가 생기는 것이다.

여러 페르소나들의 충돌

페르소나는 다른 사람의 모습을 따라하면서 만들어지는데, 여러 사람을 따라하는 과정에서 여러 페르소나를 지니게 된다. 그런데 이때 다른 성향의 페르소나들이 충돌하기도 한다.

예를 들어, 아이들에게는 다정한 엄마인데 직장에서는 엄격한 상사이거나, 직장 동료들 사이에서는 냉철한 사람인데 학교 동창들 사이에서는 장난꾸러기 같은 모습이 된다. 이처럼 각 페르소나가 서로 충돌하는 것이다.

이럴 때 목소리, 표정, 말투, 사소한 버릇까지 달라진다. 그러나 페르소나 뒤에 감추어진 '나'를 잃어버리면 안 된다. 때때로 사람들은 자기 자신이 누구인지 명확하게 알지 못한 채 페르소나를 자기 자신으로 착각하면서 살아간다. 그러면서 자신의 진짜 모습을 잃어버린다.

자기 자신을 잃어버리게 하는 페르소나의 한 예로 '착한 아이 증후군'이 있다. 착한아이 증후군은 다른 사람들에게 좋은 모습을 보이고 싶어서 감정을 표현하지 못한 채, 마음과 다르게 행동하는 것을 말한다. 다른 사람들에게 잘 보이고 싶은 마음에, 착한 사람으로 보이고 싶은 생각이 커서 자신의 욕망을 억압하는 것이다.

착한아이 증후군은 자기 자신을 잃고 페르소나만 남은 상태라고 할 수 있다. 이러한 상태가 지속되면 스트레스가 높아지고 마음에 병이 생기기도 한다. 착한아이 증후군으로 인해 심리치료를 받는 사례도 꽤 많다.

나의 그림자를 찾아라!

페르소나는 스스로 조절하기가 어렵다. '거짓된 가면'을 쓰고 살아간다고 말하지만 일부러 꾸며내는 것은 아니다. 저절로 나오는 모습이다. 이 페르소나 뒤에 감추어진 '그림자'가 있는데, 이것 또한 스스로 조절할 수 없다.

그림자는 페르소나에 의해 표현되지 못하는 또 다른 나의 모습을 말한다. 우리가 평소 생각하는 대로 행동하면서도 마음 한 켠에 드는 생각들, 그것을 '그림자'라고 한다.

예를 들어, 동생이 아이스크림을 맛있게 먹고 있는데 언니가 "한 입만~" 하고 말한다고 해보자. 이때 동생은 언니에게 아이스크림을 내밀어 언니가 한 입 베어 물도록 한다. 하지만 그와 동시에 아이스크림을 주기 싫은 마음이 들 수 있다. 또는 자신이 다 먹고 싶은 마음, 아까운 마음, 혼자

먹기도 부족하다는 마음이 들 수 있는데, 이러한 마음이 그림자다. 그런데 결국은 아이스크림을 주었기 때문에 그것이 페르소나이며, 나머지 마음은 그림자가 되는 것이다.

다시 말해, 페르소나가 어떠한 상황에 맞는 성격을 보여준다면, 그림자는 그 상황에 맞지 않아 버려지는 성격이다. 때문에 그림자는 페르소나의 뒤에 숨어 억눌리게 된다. 페르소나가 나보다 다른 사람을 먼저 생각하는 사회적 얼굴이라면, 그림자는 내가 인식하지 못해도 나 자신만을 위한 생각을 먼저 한다. 나를 방어해주는 역할을 하는 것이다. 따라서 페르소나와 그림자는 따로 떼어 생각하기 어렵다.

우리는 모두 그림자를 갖고 있으며 그림자 없이는 살 수 없다. 그럼 우리에게는 어떤 그림자가 있을까? 그림자에 대해 알아보자.

① 누구보다 씩씩한 민기

민기는 누구보다 씩씩하고 늘 자신감이 넘친다. 반에서 무슨 일이 있으면 앞장서 솔선수범한다.

체육 시간을 마친 어느 날이었다. 학생들이 사용한 공들이 체육관 여기저기 흩어져 있었다. 선생님이 "오늘 누가 이 공 좀 정리해줄까?" 하고 묻자, 민기가 자신 있게 손을 번쩍 들었다. 커다란 목소리로 "제가 정리하겠습니다!" 하고 말했다. 선생님과 다른 학생들은 안심하고 다음 수업을 위해 자리를 떴다.

그런데 민기는 다음 수업에 지각을 하고 말았다. 공이 너무 많아서 혼자 정리하는 데 시간이 부족했다. 민기는 공을 정리하는 동안 '누가 같이 좀 남아주었으면 좋았을 텐데' 하고 생각했다. 짧은 시간에 공을 다 정리하는 게 너무 힘들었다. 또, 자신이 왜 나섰을까 후회가 되었다. 사실 민기는 손을 들 때 마음 한편으로 망설이기도 했다.

민기의 페르소나는 자신감 있고 씩씩한 사람이지만, 민기의 그림자는 수줍고 남 앞에 나서고 싶지 않아 하는 모습이다. 항상 솔선수범하는 민기의 페르소나 뒤에는 귀찮고 다른 사람 뒤에서 쉬고 싶은 그림자가 있는 셈이다.

② 자기 집 근처에서 약속을 정하는 수연이에게 불만이 있는 친구들

수연이는 약속이 있을 때마다 약속 장소를 자신의 집 근처로 정한다. 친구들은 이것 때문에 불만이 많다.

수연이네 집 근처로 가는 시간과 다른 장소로 가는 시간이 비슷해도 역시 불만이다. 걸리는 시간도 비슷한데 왜 불만을 갖느냐고 물으면 "수연이는 너무 이기적이다"라고 말한다.

직접적으로 피해를 입는 것도 아닌데 단지 상대방이 이기적이라는 이유로 기분이 상하고 화가 나는 이유는 무엇일까?

이기적인 수연이의 모습을 보면서 친구들의 그림자가 투사되기 때문이다. 그리고 '화가 난다'거나 '기분이 상한다'는 감정적인 반응을 보이는 것이다. 그들은 그림자에 대해 자각하고, 그로 인해 부정적인 감정을 느끼고 있다.

③ 늘 반항적이면서 자신은 쿨하다고 믿는 윤서

윤서의 교복은 항상 흐트러져 있다. 교복을 교칙에 맞지 않게 수선했을 뿐 아니라, 행동을 더 튀게, 반항적으로 보이려고 노력하는 사람처럼 보인다.

선생님 말씀에는 언제나 반기를 들고, 숙제를 해오는 적도 없다. 일탈을 일삼고 자신의 경험을 자랑삼아 이야기한다. 일탈하는 모습이 멋있다고 생각해서 많은 사람들 앞에서 뽐내듯 행동한다.

우리가 사회생활을 하면서 보이는 페르소나는 착하고 모범적인 모습만 있는 것은 아니다. 윤서 같은 반항적인 모습도 페르소나라고 볼 수 있다. 어떤 사람들은 모범적이고 규칙을 잘 지키는 모습을 참을 수 없어 한다. 고상한 모습에 반감을 갖고 지배적인 문화에 반대하기도 한다.

윤서의 페르소나는 이러한 반문화적인 모습을 하고 있다. 이런 윤서에게 그림자는 모범적이고 착한 학생의 모습이다.

페르소나와 그림자 분리하기

앞서 얘기했듯 사람은 페르소나나 그림자를 자기 마음대로 조절할 수 없다. 단, 페르소나나 그림자를 우리 자신과 분리할 때 다른 사람은 물론 나 자신도 오해하지 않고 있는 그대로를 받아들일 수 있다.

심리학자 융은 '개인의 신성함'에 대해 이야기했다. 사람의 내면은 중심과 주변으로 나눌 수 있는데, 페르소나와 그림자는 주변에 속하고 내면에 있는 개인의 신성함은 내면에 속한다고 한다. 그렇기 때문에 페르소나와 그림자 또는 개인의 신성함 어느 쪽에도 치우치지 않고 자신을 잃지 말아야 한다는 뜻이다.

여기에서 중요한 것은 나 자신뿐 아니라 다른 사람들을 볼 때도 마찬가지라는 점이다. 우선 다른 사람을 보고 판단할 때 이는 그저 즉각 튀어나오는 생각일 뿐이다. 깊이 있게 생각해서 나오는 반응이 아니다. 그 생각은 페르소나와 그림자 안에 갇혀 있다. 이렇게 우리는 페르소나와 그림자 안에서 사람들을 분류하고, 처음 만나는 사람도 그 안에 넣어 판단하곤 한다.

예를 들면, 좋은 차를 타고 다니는 사람을 보았다고 해보자. 우리는 그 사람을 '잘사는 사람'으로 분류할 수도 있고 '허세를 부리는 사람'으로 분류할 수도 있다. 그 판단에 따라 상대방을 좋게 보거나 나쁘게 보기도 한다. 이렇게 자신의 생각과 느낌에 따라 상대방에 대해 생각하고 판단하는 것이다.

우리는 자기 자신이나 다른 사람을 대할 때 페르소나와 그림자를 사람의 내면과 분리해서 볼 줄 알아야 한다. 첫인상에서 받은 느낌과 조금 지내보고 알게 된 모습 간의 차이가 나면 내가 판단한 상대방의 모습이 전부가 아니라는 사실을 알게 된다.

이것이 진짜 내 모습이야!

내면에 있는 진짜 자아에게 페르소나와 그림자는 모두 진짜 자신과는 다른 사람이다. 내면에 있는 진짜 자아에게 페르소나나 그림자는 낯설고 어색하게 느껴진다. 그렇다면 우리가 가진 페르소나와 그림자를 스스로 정확하게 알고 나면 마음이 조금 더 편안해지지 않을까? 조금 더 행복하게 살아갈 수 있지 않을까?

그러기 위해서는 나는 어떤 가면을 갖고 있는지, 그 가면은 어떤 성격을 띠고 있는지 살펴봐야 한다.

우선 평소 자신의 행동과 다른 사람들이 보는 내 모습이 어떻게 다른지 인식하는 것이 중요하다. 또한 그림자를 인식하기 위해서는 자신의 그림자가 어떻게 생겼는지 그림으로 그리거나 가면으로 만들어보는 것도 도움이 된다.

나의 페르소나와 그림자는 어떻게 생겼을까? 그것을 구체적으로 그려보고 마주하면 자신에게 유의미한 변화가 생길 것이다. 또한 나의 페르소나와 그림자를 자세히 살펴보고 그것이 나의 일부라는 사실을 받아들일 수 있어야 한다. 그림자로 인해 발생하는 문제에 책임질 수 있을 때, 진정한 나를 찾을 수 있다.

그림자를 발견할 수 있는 가장 큰 기회는 우리가 실수를 했을 때이다. 사람은 실수를 하고 나서 스스로를 돌아보기 시작한다. 이때 자신의 그림자를 발견하고 마주할 수 있다. 만약 자신의 그림자로 인해 다른 사람에게 피해를 입히거나 상처를 주었다면 반드시 사과를 해야 한다. 이는 자신의 그림자로 인해 발생한 일을 스스로 인정하는 행위이므로 그림자를 더욱 명확하게 인식하는 계기가 된다.

이를 심리학 용어로 '자기수용'이라고 한다. 자기수용이란 스스로를 가치 있는 인간으로 인식하고, 자기 자신의 감정을 있는 그대로 받아들일 수 있는 상태를 말한다. 본인이

한 행동에 책임을 지고, 모든 것을 자기 자신의 일부로 여긴다는 뜻이다. 이 자기수용 안에서 페르소나와 그림자를 넘어 자기 자신을 발견하는 것이다.

자기 자신을 있는 그대로 사랑하기

페르소나와 그림자를 발견하기 위한 중요한 수단 중 하나는 '꿈'이다. 특히 옷을 입는 것, 옷을 벗는 것, 갈아입는 것 등은 페르소나와 깊은 관계가 있다. 옷을 벗고 있다면 페르소나가 존재하지 않고 옷을 갈아입는다면 페르소나가 변화하는 것이다.

머리 스타인이라는 심리학자가 상담했던 내담자 중 한 사람이 사람들 앞에서 벌거벗고 있는 꿈을 계속해서 꾸었다고 한다. 머리 스타인은 사람들 앞에서 나체로 있는 꿈을 어떤 겉치레도 없는 자기 자신을 받아들이는 과정이라고 보았다. 이것이 자기수용이며, 있는 그대로의 자신을 사랑하는 모습이라는 뜻이다.

사람들 앞에서 옷을 모두 벗고 있다고 상상해보자. 아마 상상만으로도 수치심이 느껴질 것이다. 심리학자들에 의하면, 그 이유가 자신의 모습을 있는 그대로 받아들이지 못하고 폄하하기 때문이라고 한다.

또한 우리는 다른 사람들과 자신을 비교하며 부족한 모

습을 찾고 거기에서 수치심을 느끼기도 한다. 결국 그 부족함을 채우기 위해 페르소나를 만드는 것이다. 그러니 수치심을 이겨내고 있는 그대로의 자신을 사랑하는 것이 무엇보다 중요하다.

페르소나와 그림자를 이겨내고 진정한 나 자신으로 편안하게 살기 위해서는 우리 자신의 내면 깊숙한 곳에서 충족감을 느껴야 한다. 그렇지 않으면 계속해서 또 다른 모습의 페르소나를 만들어낼 것이다.

실제로는 날씬한데 스스로 뚱뚱하다고 생각해서 거식증에 걸리거나, 사회적으로 성공하고 유명한 사람이 자기비난에 빠지거나, 스스로의 모습에 만족하지 못해 극단적인 선택을 하는 것 모두 페르소나와 그림자를 이겨내지 못하는 모습이다. 그러므로 자기 스스로를 있는 그대로 수용하는 과정이 매우 중요하다.

우리는 겉으로 드러나는 모습뿐만 아니라, 내면 깊숙한 곳에 자아가 있으며 그 안에 엄청난 가능성을 가진 존재이다. 우리 자신은 누구보다 소중하고 아름다운 존재이며, 누구보다 훌륭한 일을 해낼 수 있다. 이러한 일들은 우리가 의식하는 행동과 의식하지 못하는 무의식이 복합되어 드러나기 마련이다. 의식과 무의식이 함께 묶여야 진정한 자기 자신이 되며, 더 나은 능력을 발휘할 수 있다.

사람은 페르소나와 그림자 없이는 살아갈 수 없다. 그러니까 항상 페르소나와 그림자에 귀를 기울이고, 내면의 자아에도 관심을 가져야 한다.

의식과 무의식에 귀를 기울이고 진정한 나를 찾으려고 노력하면 지금의 자신보다 더 나은 삶을 살 수 있다.